SCHNELLER & LEICHTER LERNEN

Prüfungen bestehen

Denkblockaden überwinden und Erfolg steigern

Bettina Geuenich

Compact Verlag

Bisher sind in dieser Reihe erschienen:

- Konzentration trainieren
- Lernstrategien anwenden
- Referate und Vorträge halten

Chefredaktion: Dr. Angela Sendlinger
Redaktion: Astrid Kaufmann
Produktion: Wolfram Friedrich
Gestaltung und Umschlaggestaltung: Axel Ganguin

ISBN-13: 978-3-8174-7281-9
ISBN-10: 3-8174-7281-1
7372813

Besuchen Sie uns im Internet: www.compactverlag.de

INHALTSVERZEICHNIS

Vorwort **5**

1. Voraussetzungen schaffen **6**
1.1 Mitschreiben und mitdenken 6
1.2 Arbeitsplatz einrichten 14
1.3 Prüfungsanforderungen klären 18
1.4 Zeitplan aufstellen 24
1.5 Regelmäßig Kräfte tanken 30

2. Besser lernen **38**
2.1 Wie unser Gehirn arbeitet 38
2.2 Texte lesen in 5 Schritten 46
2.3 Mit Geschichten lernen 53
2.4 Wissen mit Orten verknüpfen 59
2.5 Vokabeln kreativ lernen 63
2.6 Wiederholen mit Lernkarteien 68

3. Schriftliche Prüfungen **76**
3.1 Gut vorbereitet in die Prüfung 76
3.2 Besser formulieren 89
3.3 Texte sinnvoll gliedern 96
3.4 Inhaltsangaben schreiben 100
3.5 Interpretieren und charakterisieren 104
3.6 Erzählen 112

4. Mündliche Prüfungen **118**
4.1 Gut vorbereitet in die Prüfung 118
4.2 Vorträge halten 123
4.3 Prüfungsgespräche führen 131
4.4 Auftreten und Körpersprache 134

5. Prüfungsangst abbauen **140**
5.1 Selbsttest Prüfungsangst 140
5.2 Wie Stress und Angst entstehen 142
5.3 Negative Gedanken durchbrechen 147
5.4 Entspannen lernen 157
5.5 Erste Hilfe bei Prüfungsstress 163

Anhang: Lösungen **168**

Info-Seiten **180**

Register **184**

VORWORT

Der Schulalltag ist ohne Prüfungen kaum vorstellbar. Da ist die tägliche Abfrage zu Beginn der Stunde, die den Schüler in vielen Fächern erwartet. Manchmal wird sie sogar durch einen spontanen schriftlichen Test abgelöst. Ganz zu schweigen von den angekündigten Proben und Schulaufgaben, auf die man sich möglichst rechtzeitig vorbereiten sollte. Doch auch Berufsausbildung und Studium warten immer wieder mit verschiedensten Prüfungssituationen auf.

Vor dem Hintergrund dieser vielfältigen Anforderungen gilt es, gut vorbereitet zu sein und nicht die Nerven zu verlieren. Der praktische Ratgeber *Schneller & leichter lernen: Prüfungen bestehen* unterstützt Sie dabei, diese beiden Vorsätze erfolgreich in die Tat umzusetzen.

Hier erfahren Sie, wie Sie sich ideale Arbeitsbedingungen schaffen, um das Lernen möglichst angenehm zu gestalten. Bewährte Methoden für den raschen und effektiven Wissenserwerb erleichtern Ihnen die häusliche Vorbereitung. Praxisrelevante Ratschläge zum Verhalten vor und während mündlicher wie schriftlicher Prüfungen nehmen Ihnen Unsicherheit und Nervosität.
Anhand abwechslungsreicher Übungen können Sie bereits zu Hause für den Ernstfall proben.

Viel Erfolg bei Vorbereitung und Prüfung!

1 VORAUSSETZUNGEN SCHAFFEN

1.1 MITSCHREIBEN UND MITDENKEN

Sicher kennen Sie diese Situation: Nächste Woche haben Sie einen wichtigen Mathe-Test über den Stoff der vergangenen zehn Unterrichtsstunden. Voller guter Vorsätze nehmen Sie sich Ihre Unterlagen vor. Doch leider stellen Sie bereits auf den ersten Seiten fest, dass die Aufzeichnungen lückenhaft sind. Sie haben nicht alle Rechenschritte mitgeschrieben und auch die Hausaufgaben nicht regelmäßig gemacht.
Sie versuchen, das Fehlende aus dem Gedächtnis zu rekonstruieren, doch Sie merken schnell, dass Sie mit den Gedanken leider nicht immer bei der Sache waren.
Damals hatten Sie gedacht: Bis zum nächsten Test ist es ja noch lange hin – den Stoff kann ich immer noch im Buch nachlesen oder mir von einem Freund erklären lassen. Dass Sie damit kostbare Zeit vergeudet haben, war Ihnen nicht bewusst gewesen.

Tatsächlich können Sie die Vorbereitungszeit für eine Prüfung enorm verkürzen, wenn Sie von Anfang an am Ball bleiben. Außerdem bekommen Sie nur dann die nötige Routine und sind in der Lage, auch knifflige Aufgaben relativ mühelos zu lösen. Anders ist es, wenn Sie sich den gesamten Stoff erst eine Woche vorher auf die Schnelle aneignen. Zum effektiven Üben und Wiederholen bleibt dann kaum Zeit.

In einer Doppelstunde sagt ein Lehrer zwischen 5 000 und 9 000 Wörter, führt mehrere Dutzend neue Tatsachen ein und versucht, zahlreiche Kernaussagen zu vermitteln. Kein Wunder, dass einigen Schülern angesichts so vieler neuer Informationen nach dem Unterricht der Kopf schwirrt.

Sie können dem drohenden Chaos allerdings etwas entgegensetzen: Durch gewissenhaftes Mitschreiben bekommen Sie nicht nur wertvolles Lernmaterial für die häusliche Vorbereitung, es hilft Ihnen auch, dem Unterricht besser zu folgen, das Gehörte zu verstehen und so zu behalten. Während Sie nämlich die wichtigsten Informationen notieren, ordnen Sie sie im Kopf automatisch und stellen dabei Zusammenhänge her. Außerdem können wir uns immer das am besten merken, was wir mit unseren eigenen Worten notiert haben.

Im Folgenden werden Ihnen verschiedene Techniken vorgestellt, mit deren Hilfe Sie eine Gewinn bringende Mitschrift erstellen und zu einer effektiven Prüfungsvorbereitung nutzen können.

▸TIPP

Die Vorbereitung auf eine Prüfung beginnt nicht erst zu Hause, sondern immer schon während des Unterrichts. Wenn Sie dort aktiv mitdenken und konsequent mitschreiben, sammeln Sie wertvolle Informationen für spätere Tests oder Klausuren.

Was gehört in eine Mitschrift?

Notieren Sie zunächst Datum und Thema der Stunde, damit Sie später schnell herausfinden können, zu welchem Zeitpunkt Sie einen bestimmten Lernstoff behandelt haben. Manchmal wird das Thema allerdings erst im Verlauf der Unterrichtsstunde herausgearbeitet. In diesem Fall müssten Sie es nachtragen.

Wenn im Unterricht mit Lehrbüchern oder anderer Literatur gearbeitet wird, sollten Sie die Kapitelüberschriften oder Seitenzahlen aufschreiben, die besprochen wurden. So können Sie Ihre Notizen später besser zuordnen und beim Wiederholen Ihrer Mitschrift die entsprechenden Seiten im Buch nochmals nachlesen.

TIPP

Tafelbilder sollten Sie generell abzeichnen und Definitionen, Merksätze oder Formeln, die der Lehrer diktiert, genauestens mitschreiben. Fragen Sie nach, wenn Sie etwas nicht genau verstanden haben, und lassen Sie es sich noch einmal wiederholen.

Ansonsten sollten Sie allerdings nicht versuchen, wortwörtlich mitzuschreiben. Notieren Sie stattdessen den Verlauf der Stunde in Stichworten. Halten Sie alle wichtigen Begriffe und Zusammenhänge fest, die der Lehrer im Laufe des Unterrichts neu einführt, und schreiben Sie sich Beispiele auf, die das Gehörte verdeutlichen.

▸TIPP

Hin und wieder geben Lehrer während des Unterrichts Hinweise auf bevorstehende Prüfungen: *Diese Aufgaben sollten Sie sich vor der Klausur noch einmal ansehen!* **Notieren Sie sich diese Kommentare – es könnte sich lohnen. Vergessen Sie nicht, sich am Ende der Stunde die Hausaufgaben aufzuschreiben!**

Gewöhnen Sie sich an, wichtige Begriffe oder Kernsätze schon beim Schreiben zu unterstreichen oder einzukreisen, am besten mit Textmarker oder farbigen Filzstiften. Auf diese Weise wird Ihre Mitschrift noch übersichtlicher. Mit kleinen Symbolen können Sie zudem das Geschriebene kommentieren:

- ? Nicht verstanden. Nachfragen!
- ;-(Schwierig. Muss ich mir noch mal ansehen.
- ! Sehr wichtig!
- Z Zusammenfassung
- Def. Definition

Gerade in Fächern, die Ihnen schwer fallen, kann es sinnvoll und hilfreich sein, die Mitschrift zu Hause noch einmal durchzugehen, um offene Fragen zu klären. Vergleichen Sie Ihre Unterlagen nach Möglichkeit mit den Mitschriften Ihrer Klassenkameraden. Es ist durchaus möglich, dass diese sich Sachverhalte notiert haben, die Ihnen entgangen sind. So können Sie Ihre Unterlagen vervollständigen und sind bestens für die Prüfungsvorbereitung gerüstet.

Der Anfang einer Stundenmitschrift könnte etwa folgendermaßen aussehen:

Datum: 1. September 2004 **Thema:** Flächeninhalt von Vielecken berechnen **Literatur:** Lehrbuch, S. 75–80	**Kommentare**
Vieleck in Teilfiguren zerlegen, Flächeninhalt der Teile berechnen.	!
Beispiel-Aufgabe: Fläche des Industriegebiets x berechnen, das von Autobahn, Kanal und Bahnlinie begrenzt wird.	;-(

Zusammenhänge bildlich darstellen

Oft lassen sich Zusammenhänge leichter mithilfe einer Zeichnung erklären als mit Worten. Wenn es sich anbietet, sollten Sie deshalb Schaubilder oder Diagramme in Ihre Mitschrift einfügen. So genannte *Pfeil- oder Flussdiagramme* eignen sich besonders gut, um verschiedene Schritte einer Handlung darzustellen.

Sie können solche Diagramme auch nachträglich erstellen und sie dann Ihrer Mitschrift beifügen. Arbeiten Sie zunächst Ihre Notizen durch, vergewissern Sie sich, dass Sie alles verstanden haben, und zeichnen Sie anschließend Ihr Schaubild.

Im Folgenden sehen Sie ein Beispiel für ein Pfeildiagramm zum Thema *Brüche addieren:*

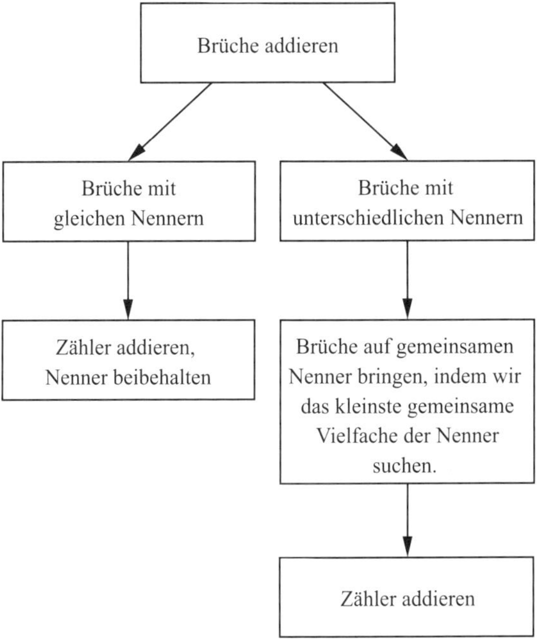

1

Gedankenlandkarten (Mind-Maps)

Mit einer Gedankenlandkarte können Sie darstellen, welche Aspekte ein bestimmtes Thema hat und wie diese Aspekte zusammenhängen.

Wenn Sie eine Mind-Map zeichnen wollen, dann schreiben Sie zunächst das Thema in die Mitte des Blattes und kreisen Sie es ein. Um das Thema herum ordnen Sie alle seine Teilaspekte an. Kreisen Sie diese ebenfalls ein und ziehen Sie Linien zwischen Hauptthema und Unterpunkten. Achten Sie dabei auf eine sinnvolle gedankliche Verknüpfung.

Auch die meisten Teilaspekte lassen sich weiter untergliedern. Gruppieren Sie diese Unterpunkte um den jeweiligen Teilaspekt herum, kreisen Sie auch diese ein und ziehen Sie erneut Linien zum Mittelpunkt. Auf diese Weise entsteht allmählich eine Gedankenlandkarte.

Auf der folgenden Seite finden Sie eine Mind-Map, die die Themen dieses Kapitels darstellt.

Vorteile einer Mind-Map

Wenn Sie eine Gedankenlandkarte betrachten, sehen Sie auf einen Blick, wie einzelne kleinere Themeneinheiten zusammenhängen. Außerdem entspricht der Aufbau einer Mind-Map dem vernetzten Aufbau unseres Gehirns (vgl. Kapitel 2.1). Deshalb können Sie sich den als Gedankenlandkarte aufbereiteten Prüfungsstoff besonders gut und dauerhaft merken.

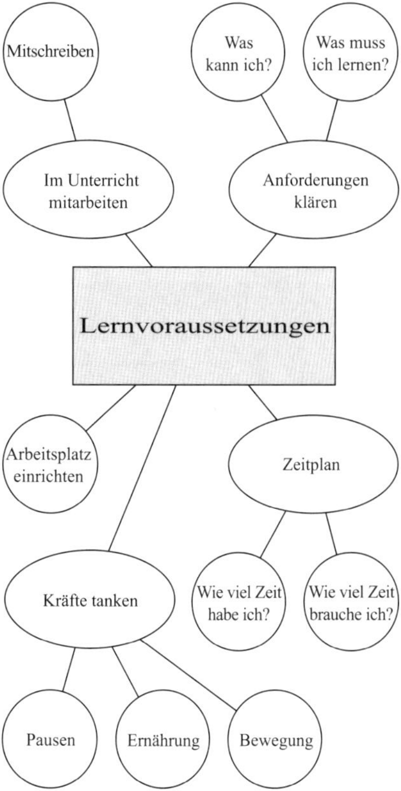
Mitschreiben
Was kann ich?
Was muss ich lernen?
Im Unterricht mitarbeiten
Anforderungen klären
Lernvoraussetzungen
Arbeitsplatz einrichten
Zeitplan
Kräfte tanken
Wie viel Zeit habe ich?
Wie viel Zeit brauche ich?
Pausen
Ernährung
Bewegung

TIPP

Während des Unterrichts werden Sie nicht immer genügend Zeit haben, eine Mind-Map zu zeichnen. Das ist nicht schlimm! Schreiben Sie einfach die wichtigsten Stichworte mit und ordnen Sie Ihr Material zu Hause in Ruhe in Form einer Gedankenlandkarte.

CHECKLISTE: WAS GEHÖRT IN EINE MITSCHRIFT?

- **Datum und Thema der Stunde**
- **Kapitelüberschriften und Seitenzahlen aus Lehrbüchern und anderer verwendeter Literatur**
- **Tafelbilder**
- **Definitionen, Merksätze, Formeln**
- **neue Begriffe und Zusammenhänge**
- **Beispiele**
- **Hinweise auf die Prüfung**
- **Hausaufgaben**
- **offene Fragen und andere Kommentare**
- **Schaubilder, die den Stoff verdeutlichen**

1.2 ARBEITSPLATZ EINRICHTEN

Auf Ihrem Schreibtisch zu Hause stapeln sich Bücher, Zeitschriften und Essensreste? Die Leselampe funktioniert nicht mehr und der Schreibtischstuhl ist so unbequem, dass Sie es nicht länger als fünf Minuten darauf aushalten? Sie sind häufig durch verschiedene Lärmquellen abgelenkt und können sich nicht konzentrieren? Dann sollten Sie sich schnellstmöglich bessere Lernbedingungen schaffen.

Eine angenehme und anregende Umgebung fördert den Lernerfolg. Richten Sie sich deshalb ein persönliches „Büro" ein, in dem Sie sich wohl fühlen und gut arbeiten können.

Sie benötigen einen eigenen Arbeitsplatz, der ihrer Körpergröße entspricht und ausreichend Platz für Ihre Unterlagen bietet. Er sollte möglichst geordnet, sauber und ruhig sein.

Grundausstattung

Folgende Gegenstände sollten in jedem Fall auf Ihrem Schreibtisch liegen: Füller und Bleistifte, Marker oder Filzstifte in unterschiedlichen Farben, Radiergummi, Spitzer, Lineal, Papier, Büroklammern, Locher, Hefter, Klebezettel und Klebstoff. Hinzu kommen die Schulbücher desjenigen Fachs, für das Sie gerade arbeiten, sowie Ordner für Ihre Unterlagen.

Zur Grundausstattung Ihres Arbeitsplatzes gehören auch Karteikarten und Karteikästen. Sie können vielseitig eingesetzt werden, zum Beispiel zum Lernen von Vokabeln, Formeln oder Fachbegriffen (vgl. Kapitel 2.6). Besorgen Sie sich einen DIN-A3-Malblock, um darauf eigene Lernplakate zu gestalten, die Sie während der Vorbereitungszeit für eine Prüfung an die Wand hängen können.

Sehr nützlich ist hierfür auch eine Pinnwand oder eine große Tafel, die man ebenfalls an die Wand hängen kann. Daran können Sie Ihre Schaubilder leicht befestigen und wieder entfernen, ohne dass hässliche Klebespuren zurückbleiben. Darüber hinaus ist es möglich, unmittelbar auf die Wandtafel Begriffe und Jahreszahlen zu schreiben, die Sie lernen müssen.

Weiterhin gehören zur Grundausstattung Ihres Arbeitsplatzes ein ausreichend großer, gut beleuchteter Schreibtisch und ein Ihrer Körpergröße angemessener, bequemer Schreibtischstuhl. Wenn Sie die Möglichkeit haben, sich einen neuen zu kaufen, dann sollten Sie sich in einem Fachgeschäft beraten lassen.

Atmosphäre

Sorgen Sie dafür, dass Sie sich an Ihrem Arbeitsplatz wohl fühlen. Hängen Sie zum Beispiel Bilder oder Poster an die Wand und stellen Sie Pflanzen auf.

Allzu gemütlich sollte es jedoch auch nicht sein. Räumen Sie in Ihrem eigenen Interesse alles weg, was Sie ablenken könnte, zum Beispiel CDs, Lieblingsbücher oder Zeitschriften. Musik ist nur in Maßen erlaubt. Während der Lernphasen sollten Sie so viel Ruhe haben wie möglich. In den Pausen können Sie ruhig Ihre Lieblingsmusik aufdrehen.

Übung 1: Prüfen Sie Ihre eigenen Arbeitsbedingungen anhand der folgenden Liste. Kreuzen Sie alle zutreffenden Aussagen an. Je mehr Punkte Sie abhaken können, desto besser.

Ich habe einen eigenen Schreibtisch, an dem ich arbeite.	
Der Schreibtisch ist groß genug für alle Arbeitsmaterialien.	
Auf dem Schreibtisch liegen alle Unterlagen (Bücher, Hefte usw.), die ich im Moment benötige.	
In der unmittelbaren Nähe liegt nichts, was mich ablenken könnte (zum Beispiel interessante Magazine, Bücher usw.).	
Mein Schreibtisch ist gut beleuchtet. Das Licht blendet mich nicht. (Bei Rechtshändern sollte das Licht von links, bei Linkshändern von rechts kommen.).	
Ich fühle mich an meinem Arbeitsplatz wohl.	
Von meinem Schreibtisch aus habe ich eine angenehme Aussicht (aus dem Fenster oder auf Poster, Pflanzen usw.).	
Mein Schreibtischstuhl ist bequem. Ich kann lange darauf sitzen, ohne Verspannungen oder Rückenschmerzen zu bekommen. Er ist auf meine Größe und auf die Höhe des Schreibtisches abgestimmt.	
Ich kann an meinem Arbeitsplatz ungestört arbeiten.	

Ablenkung vermeiden

Sicherlich ist es nicht immer einfach, die Außenwelt völlig zu vergessen und sich ganz auf das Lernen zu konzentrieren. Aber Sie können gute Voraussetzungen dafür schaffen, indem Sie die folgenden Empfehlungen zur Vermeidung von Störungen beherzigen.

TIPP

1. **Stimmen Sie sich positiv auf die Arbeit ein. Machen Sie sich bewusst, was Sie erreichen möchten.**
2. **Schieben Sie störende Gedanken bewusst beiseite. Vor und nach dem Lernen haben Sie ausreichend Zeit, sich mit diesen sachfremden Angelegenheiten zu beschäftigen.**
3. **Versuchen Sie, Störungen auszuschließen. Schalten Sie Ihr Handy und Ihre Stereoanlage ab, essen Sie vor dem Lernen ausreichend, damit der Hunger Sie nicht von der Arbeit ablenkt, und stellen Sie sich eine Flasche Mineralwasser gegen den Durst auf den Schreibtisch.**
4. **Stellen Sie das Telefon leiser oder ganz ab.**
5. **Schließen Sie Ihre Zimmertür und bitten Sie den Rest der Familie, Sie in der nächsten Zeit nicht zu stören.**

1.3 PRÜFUNGSANFORDERUNGEN KLÄREN

Jetzt kann es eigentlich losgehen. Zuerst sollten Sie genau herausfinden, was in der bevorstehenden Prüfung verlangt wird. Verschaffen Sie sich einen Überblick über den Lernstoff, den Sie bewältigen müssen. Nutzen Sie dabei folgende Informationsquellen:

a) Lehrer

Bitten Sie im Unterricht Ihren Lehrer, den Prüfungsstoff einzugrenzen. Welche Romankapitel wird die Deutschklausur behandeln? Um welche Epoche geht es im Geschichtstest? Welche Bereiche umfasst die Mathematikklausur? Fragen Sie auch nach den Aufgabentypen, die in der Prüfung vorkommen können, denn davon hängt Ihre Vorbereitung ab. Für einen Aufsatz müssen Sie anders lernen als für einen Test, in dem reines Fachwissen abgefragt wird.

b) Mitschriften

Werten Sie Ihre Stundenmitschriften und Hausaufgaben aus. Ausführliche Mitschriften geben einen guten Überblick über den Stoff, der seit der letzten Prüfung durchgenommen wurde, und somit auch darüber, welche Themengebiete höchstwahrscheinlich drankommen werden. Die Mitschriften zeigen außerdem, ob Sie ein Thema gut oder nur teilweise verstanden haben. Finden Sie beispielsweise viele Fragezeichen und Lücken in Ihren Aufzeichnungen, dann sollten Sie sich diesen Bereich besser noch einmal ansehen und eventuell auch Ihre Mitschüler dazu befragen.

c) Hausaufgaben

Sehen Sie Ihre Hausaufgaben noch einmal in aller Ruhe durch. An ihnen können Sie ablesen, ob Sie bestimmte Aufgabentypen beherrschen oder nicht und welche Typen besonders häufig geübt wurden. Bereiten Ihnen beispielsweise Gleichungen mit zwei Unbekannten Probleme? Vergessen Sie immer wieder, wie man einen Winkel berechnet? Lücken wie diese können Sie mithilfe Ihrer Hausaufgaben aufdecken, um sie später gezielt zu schließen. Erstellen Sie eine Liste, auf der Sie vermerken, in welchen Bereichen Sie noch Schwierigkeiten haben.

d) ehemalige Prüflinge

Wenn Sie sich auf eine umfangreichere Prüfung vorbereiten, sollten Sie – wenn möglich – während der Vorbereitungsphase mit früheren Prüflingen sprechen. Auf diesem Weg erfahren Sie mehr über den Ablauf der Prüfungssituation, über die allgemeinen Anforderungen und über die Eigenarten Ihrer Prüfer. Das kann besonders bei mündlichen Prüfungen entscheidend sein, wo es neben der Fachkenntnis ja auch auf das persönliche Auftreten ankommt.

Vielleicht bekommen Sie von den ehemaligen Prüflingen auch Unterlagen für die Vorbereitung, anhand derer Sie sich auf die bevorstehende Prüfung einstimmen können.

▸TIPP

Ein weiterer Vorteil, wenn man mit ehemaligen Prüflingen zusammenkommt: Je häufiger Sie über die Prüfungssituation reden, desto weniger bedrohlich wirkt sie.
Doch Vorsicht! Lassen Sie sich nicht von frustrierten Ex-Prüflingen verunsichern. Vielleicht waren diese ja einfach nur schlecht vorbereitet.

e) Lehrpläne und Prüfungsordnungen

Lehrpläne und Rahmenrichtlinien für die einzelnen Fächer bieten unter anderem allgemeine Informationen über die Prüfungsanforderungen der verschiedenen Jahrgangsstufen. Diese können im Kultusministerium angefordert oder zumeist auch schon aus dem Internet heruntergeladen werden.

Lerntabellen erstellen

Notieren Sie sich möglichst ausführlich alle Themen und Aufgabentypen, die in der Prüfung vorkommen können. Bewerten Sie außerdem, wo Ihre Stärken liegen und wo Sie noch Wissenslücken haben. Über welche Themen wissen Sie schon eine ganze Menge? Welche Aufgaben müssten Sie sich noch einmal ansehen?

Von Vorteil ist es, alle Informationen in einer Lerntabelle festzuhalten. Auf diese Weise wird deutlich, welche Themen Sie bereits gut beherrschen und für welche Sie noch üben müssen. Erstellen Sie für Ihre nächste Prüfung eine Lerntabelle nach folgendem Muster:

Lerntabelle

Prüfungsstoff:	
Thema 1	Weimarer Republik
Aufgabentyp	Wissensfragen
Beherrsche ich	noch nicht – lernen!

Thema 2	Zweiter Weltkrieg
Aufgabentyp	Quellentexte interpretieren
Beherrsche ich	einigermaßen – wiederholen!

Thema 3	Nachkriegsdeutschland
Aufgabentyp	freier Vortrag
Beherrsche ich	noch nicht – Vortrag trainieren!

Gedankenlandkarten erstellen

Zusätzlich zu Ihrer Lerntabelle können Sie eine Gedankenlandkarte (Mind-Map) der Prüfungsthemen erstellen.
Der Vorteil: Indem Sie den Stoff bildlich darstellen, führen Sie sich selbst vor Augen, welche Inhalte ein bestimmtes Thema umfasst. Außerdem machen Sie sich bewusst, wie die Themen zusammenhängen.

TIPP

Fällt es Ihnen schwer, Ihre Prüfungsthemen zu beschreiben und Zusammenhänge zwischen ihnen herzustellen, kann eine Rücksprache mit Ihren Mitschülern hilfreich sein.
Bilden Sie eine Arbeits- bzw. Lerngruppe, tragen Sie Ihre Ideen zusammen und versuchen Sie, gemeinsam eine Gedankenlandkarte zusammenzustellen.

Probieren Sie es einfach aus: Stellen Sie auf einem separaten Blatt Papier Ihre Prüfungsthemen als Mind-Map dar, indem Sie sie in Unterthemen und diese in weitere Unterpunkte aufgliedern und Zusammenhänge zwischen den verschiedenen Prüfungsthemen herstellen.
Am besten dafür geeignet ist eine Seite im DIN-A3-Format, die Sie quer vor sich liegen haben. Arbeiten Sie mit verschiedenfarbigen Stiften und Symbolen – so wird Ihre Mind-Map noch übersichtlicher. Die fertige Gedankenlandkarte können Sie sich dann über den Schreibtisch hängen, sodass Sie die Übersicht über Ihre Prüfungsthemen während des Lernens immer im Blick haben. Auf diese Weise können Sie auch kontrollieren, wie weit Sie mit dem Lernen bereits vorangekommen sind.

CHECKLISTE: AUFGABENGEBIET ABSTECKEN

- **Verschaffen Sie sich einen Überblick über den Prüfungsstoff. Nutzen Sie dazu alle Informationsquellen, die Sie haben: Lehrer, eigene Mitschriften, ehemalige Prüflinge, Prüfungsordnungen, Lehrpläne, Mitschüler.**
- **Schätzen Sie Ihren Wissensstand möglichst genau ein: Sehen Sie Ihre Hausaufgaben und Mitschriften durch, um eventuelle Schwächen festzustellen.**
- **Listen Sie alle Prüfungsthemen in einer Lerntabelle auf und versuchen Sie einzuschätzen, wo Ihre Stärken und wo Ihre Schwächen liegen.**
- **Erstellen Sie von den Prüfungsthemen eine Gedankenlandkarte. Damit führen Sie sich selbst vor Augen, wie umfangreich die Themen sind und wie sie zusammenhängen.**

1.4 ZEITPLAN AUFSTELLEN

Manchmal erscheinen uns die Vorbereitungen für eine Prüfung so unüberwindbar wie ein riesiger Berg, den wir zu Fuß überschreiten sollen. Einige Prüflinge lassen sich davon nicht beirren und fangen sofort an, den Berg abzuarbeiten. Anderen flößt dieser so viel Respekt ein, dass sie gar nicht erst anfangen zu lernen. Sie schieben es hinaus, bis sie in Zeitnot geraten, und pauken dann „auf den letzten Drücker".
Zeitmanagement ist jedoch eine der Grundvoraussetzungen für effizientes und entspanntes Lernen. Bevor Sie mit der Arbeit beginnen, sollten Sie daher zunächst einen genauen Zeitplan für Ihre Vorbereitungen aufstellen, besonders dann, wenn sie sehr umfangreich und nicht so leicht zu überschauen sind.

Wie gehen Sie mit Ihrer Zeit um?

Ein Test kann helfen, sich selbst einzuschätzen. Der folgende Selbsttest hilft Ihnen, sich in Bezug auf Ihre Zeitplanung auf die Schliche zu kommen.

Übung 2: Kreuzen Sie die Antworten an, die am ehesten auf Sie persönlich zutreffen. Eine Auswertung des Tests finden Sie im Anhang.

1. Wenn ich eine unangenehme Aufgabe vor mir habe, dann ...
   a) bringe ich sie möglichst schnell hinter mich.
   b) schiebe ich sie so lange auf wie es geht.
   c) versuche ich sie zu erledigen, wenn ich Zeit finde.

2. In meiner Freizeit ...
   a) treffe ich mich mit Freunden, treibe Sport oder höre Musik.
   b) mache ich, worauf ich gerade Lust habe.
   c) habe ich oft Probleme, alle Termine unterzubringen, und kann mich nicht entspannen.

3. Meine Freunde sehe ich ...
   a) regelmäßig.
   b) wann immer ich Lust dazu habe.
   c) wenn ich Zeit finde.

4. Wenn eine Prüfung bevorsteht ...
   a) fange ich früh genug an zu lernen. Ich finde neben der Vorbereitung noch genug Zeit Freunde zu treffen, Sport zu treiben oder zu entspannen.
   b) versuche ich sie zu ignorieren, solange es geht. Unter Zeitdruck kann ich am besten lernen.
   c) finde ich kaum Zeit zum Lernen.

In Etappen lernen

Sie sollten sich in jedem Fall genug Zeit zum Lernen nehmen, um gut vorbereitet in die Prüfung gehen zu können. Bedenken Sie, dass unser Gehirn nur eine bestimmte Menge an Informationen gleichzeitig verarbeiten kann (vgl. Kapitel 2.1). Organisieren Sie Ihre Lernphasen deshalb wie eine Reise. Planen Sie Tagesrouten, die Sie nicht überfordern, aber auch nicht unterfordern. Wenn Sie den „Prüfungsberg“ einteilen, können Sie ihn auch überwinden. Formulieren Sie deshalb Lern-Etappen nach folgendem Muster:

Beispiele für Lern-Etappen

- Mitschriften und Hausaufgaben durcharbeiten, um einen Überblick über das Thema und seine Anforderungen zu erhalten.
- Wichtige Kapitel im Lehrbuch noch einmal durchgehen und Wesentliches herausschreiben.
- Ein Skript mit den wichtigsten Informationen zum Thema verfassen.
- Überlegen, welche Aufgabentypen in der Prüfung vorkommen, und diese üben.
- Das Skript nochmals überarbeiten und dabei die wichtigsten Punkte auf Lernkarteien festhalten.
- Aufgabentypen, die Ihnen Probleme bereiten, nochmals üben.
- Abschließend eine Probeklausur schreiben.

Zeitaufwand

Schätzen Sie den Zeitaufwand für die einzelnen Lern-Etappen. Anfangs wird es Ihnen schwer fallen, aber versuchen Sie es trotzdem. Zählen Sie die einzelnen Zeitspannen zusammen, so erhalten Sie eine ungefähre Vorstellung davon, wie lange Sie für die Prüfung insgesamt lernen müssen.

Verteilen Sie Ihre so errechnete Lernzeit auf die Wochen, die Ihnen noch bis zur Prüfung verbleiben.

Beispiel
Sie müssen 15 Stunden für die Prüfung lernen und haben noch zwei Wochen Zeit? Dann können Sie beispielsweise in der ersten Woche an jedem Werktag zwei Stunden und in der zweiten eine Stunde pro Werktag lernen. Die Wochenenden sollten Sie dafür nutzen, sich vom Lernen zu erholen, außer das zu bewältigende Pensum ist außergewöhnlich groß.

Tages- und Wochenziele

Formulieren Sie Tages- und Wochenziele. Tragen Sie diese in eine Tabelle ein. Orientieren Sie sich dabei an der unten stehenden Mustertabelle *Mein Lernplan,* die Sie gleich ausfüllen können. Darin legen Sie fest, was Sie wann lernen werden.

▸ **TIPP**

Gestalten Sie Ihre Arbeit möglichst abwechslungsreich. Lesen Sie zum Beispiel etwas und lösen Sie anschließend eine Probeaufgabe. Auf diese Weise ist das Lernen nicht ermüdend und Sie können sich länger konzentrieren.

Mein Lernplan

	Lernziel	**erledigt**
Woche 1		
Montag		
Dienstag		

	Lernziel	erledigt
Mittwoch		
Donnerstag		
Freitag		
Woche 2		
Montag		
Dienstag		
Mittwoch		
Donnerstag		
Freitag		

Stundenpläne
Überlegen Sie, wann Sie Zeit zum Lernen haben. Stellen Sie dazu einen persönlichen Stundenplan auf, in den Sie alle festen Termine eintragen (zum Beispiel: Sporttraining, Musikunterricht oder Arbeitsgemeinschaften).

▸TIPP

In Ihren Stundenplan sollten Sie darüber hinaus auch eintragen, wann Sie normalerweise Ihre Hausaufgaben erledigen. Planen Sie ferner feste Zeiten ein, in denen Sie einfach entspannen oder Freunde treffen können.

Ihr Stundenplan könnte etwa folgendermaßen aussehen:

Zeit	Mo	Di	Mi	Do	Fr	Sa	So
14:00	Ruhe	AG	Ruhe	Ruhe			HA
15:00	HA		HA	HA	HA		HA
16:00	Sport	HA	HA	HA	Sport		
17:00		HA	Ruhe		Ruhe	Sport	
18:00	HA	Ruhe		HA	HA	Sport	

HA = Hausaufgaben, AG = Arbeitsgemeinschaft

In Prüfungsphasen sollten Sie in einige der freien Felder feste Termine für die Prüfungsvorbereitung eintragen. Berücksichtigen Sie dabei auch Ihren Biorhythmus.

Die biologische Uhr

Der Mensch ist nicht zu allen Tageszeiten gleich leistungsfähig. Morgens werden viele Menschen nur langsam fit, erleben aber später am Vormittag ein Leistungshoch. Mittags nimmt die Energie meist ab, nachmittags kommt ein neuer Energieschub, bis wir im Laufe des Abends endgültig müde werden.

Jeder Mensch hat einen anderen Biorhythmus. Versuchen Sie selbst herauszufinden, wann Sie besonders leistungsfähig sind. Beobachten Sie, wann Sie sich ausgeruht fühlen und wann besonders schlapp. Nutzen Sie Ihre „Hoch-Phasen“ zum effektiven Lernen.

Lernplan einhalten

Versuchen Sie, Ihren Lernplan möglichst genau einzuhalten. Verlieren Sie aber nicht die Nerven, wenn Sie es einmal nicht schaffen. Passen Sie den Plan in diesem Fall einfach an die neue Situation an. Wichtig ist, dass Sie den Überblick über Ihr Pensum und die verbleibende Zeit bis zur Prüfung behalten.

▸ TIPP

Vergessen Sie nicht, sich immer wieder durch kleinere Belohnungen zum Lernen zu motivieren. Gönnen Sie sich Pausen nach Etappenzielen und tun Sie sich etwas Gutes, wenn Sie ein größeres Lernziel erreicht haben.

1.5 REGELMÄSSIG KRÄFTE TANKEN

Der Prüfungstermin rückt näher und die Zeit für Vorbereitungen wird langsam knapp. Sie sitzen stundenlang am Schreibtisch und versuchen, noch einmal möglichst viel in sich hineinzupauken.

Vergessen Sie dabei nicht, dass Ihr Gehirn von Zeit zu Zeit kleine Ruhepausen benötigt, um die Informationsflut zu verarbeiten. Ansonsten nimmt es irgendwann nichts mehr auf oder „speichert“ die Inhalte nur noch für kurze Zeit (vgl. Kapitel 2.1). Folgende Pausen-Regeln haben sich bewährt

Länge und Häufigkeit der Pausen

Unterbrechen Sie Ihre Arbeit möglichst,

- nach 30 Minuten für 5 Minuten,
- nach 2 Stunden für 15 bis 20 Minuten,
- nach 4 Stunden für 1 bis 2 Stunden.

Diese Zeitabstände sollen nur Anhaltspunkte sein. Sie müssen sie nicht genau einhalten. Hören Sie auf Ihren Körper. Er signalisiert Ihnen, wenn er nicht mehr weiterarbeiten kann. Wenn Sie sich müde fühlen, die Konzentration nachlässt und Ihre Gedanken abschweifen, ist der Zeitpunkt für eine Pause gekommen.

Pausen richtig nutzen

Pausen sind keine Zeitverschwendung. Sie helfen Ihnen, neue Energie für die Arbeit zu tanken und umso effektiver weiterzulernen.
Belasten Sie Ihr Gehirn während der Pausen nicht mit zusätzlicher Kopfarbeit. Verzichten Sie zum Beispiel auf Zeitunglesen oder Fernsehen, weil es Sie nur zusätzlich anstrengen würde. Nutzen Sie Ihre Pause lieber, um sich zu erholen.

Erste Hilfe bei Erschöpfung

Gegen geistige Müdigkeit am Schreibtisch hilft zum Beispiel das „Nacken-Rollen": Lassen Sie den Kopf nach vorn hängen und bewegen Sie ihn halbkreisförmig hin und her. Atmen Sie dabei tief ein und aus.

Leichte Kopfschmerzen lindern Sie, wenn Sie Ihre Stirn mit den Fingerspitzen massieren. Berühren Sie dazu Ihre Schläfen zwischen Haaransatz und Augenbrauen. Massieren Sie diese Stellen mit kreisenden Bewegungen.

Auf Fantasiereise gehen

Während einer kurzen Pause entspannen Sie am besten, wenn Sie Ihre Gedanken schweifen lassen. Schließen Sie kurz die Augen und denken Sie an etwas Schönes, das mit Ihrer Arbeit nichts zu tun hat. Am besten legen Sie sich dabei auf Ihr Bett oder mit einer Decke auf den Fußboden.

Sauerstoff tanken

Nutzen Sie Pausen, um frische Luft zu tanken, denn eine zusätzliche Portion Sauerstoff hilft Ihrem Denkvermögen auf die Sprünge. Öffnen Sie das Fenster weit und lüften Sie Ihr Arbeitszimmer einmal gut durch. Während einer längeren Pause sollten Sie sich an der frischen Luft bewegen.

Bewegen hält fit

Stehen Sie hin und wieder vom Schreibtisch auf, gehen Sie ein paar Schritte und strecken Sie sich. Auf diese Weise verhindern Sie, dass Ihr Kreislauf schlapp macht.

Fühlen Sie sich völlig matt und lustlos? Dann versuchen Sie es mit einem kleinen Bewegungsprogramm. Legen Sie Ihren Lieblingssong auf und tanzen Sie durch den Raum, laufen Sie auf der Stelle und boxen Sie mit einem imaginären Gegner

Schütteln Sie Ihre Arme und Beine aus. Bewegen Sie sich einfach ganz nach Lust und Laune.

Längere Pausen von ein bis zwei Stunden sollten Sie in jedem Fall dazu nutzen, um an die frische Luft zu gehen. Machen Sie zum Beispiel einen Spaziergang, gehen Sie schwimmen oder joggen.

Sie sollten mindestens eine halbe Stunde draußen sein und beim Spazierengehen nicht schlendern, sondern schnell gehen und die Arme mitbewegen.

Schlafen Sie gut

Wer die Nächte vor der Prüfung durcharbeitet, tut sich selbst keinen Gefallen. Der Schlaf verbessert unser Erinnerungsvermögen und selbst in Vergessenheit Geratenes können Sie im tiefen Schlummer wieder hervorlocken. Leider schlafen viele Menschen gerade vor Prüfungen schlecht. Hier ein paar Tipps für eine erholsame Nachtruhe.

▸TIPP

1. **Treiben Sie Sport! Eine halbe Stunde Rad fahren, joggen oder schwimmen am Nachmittag liefert die notwendige Bettschwere. Verlegen Sie Ihr Fitnesstraining allerdings nicht in die Abendstunden, das erschwert nämlich eher das Einschlafen.**
2. **Essen Sie keine fettigen Pommes, Bratwürste und Ähnliches zum Abendbrot. Schwere Speisen können das Einschlafen ebenfalls hinauszögern und unangenehme Träume auslösen.**

3. Sorgen Sie für angenehme Temperaturen im Schlafzimmer. Der Raum sollte nicht überhitzt, aber auch nicht unterkühlt sein. Die ideale Schlummertemperatur liegt bei 18° Celsius.
4. Lüften Sie vor dem Schlafengehen oder schlafen Sie bei offenem Fenster. Frische Luft fördert den erholsamen Schlaf.
5. Sorgen Sie dafür, dass alle Dinge, die Sie wach halten könnten, außer Reichweite des Bettes liegen. Computerspiele sollten Sie zum Beispiel möglichst weit wegräumen.

Rituale können das Einschlafen erleichtern. Manche Menschen lesen jeden Abend eine halbe Stunde in einem Buch, andere trinken eine heiße Milch mit Honig oder machen Entspannungsübungen wie Yoga.

Essen und trinken

Pausen sind auch der richtige Zeitpunkt, um etwas zu essen oder zu trinken. Ideale Pausen-Snacks sind frisches Obst und Gemüse. Dazu können Sie Wasser, Saftschorlen oder Früchte- bzw. Kräutertees trinken. Auf zuckerhaltige Getränke wie Cola oder Limonade sollten Sie lieber verzichten. Auch Kaffee und schwarzen Tee sollten Sie nicht oder nur in Maßen trinken.

In hektischen Lernphasen wird die Nahrungsaufnahme häufig zur Nebensache. Dabei verbraucht unser Körper gerade zu dieser Zeit mehr Vitamine und Mineralstoffe als sonst. Werden die Energiereserven nicht aufgefüllt, sind Schlappheit und Konzentrationsschwäche die Folge und der Lernerfolg ist nicht mehr gewährleistet.

Achten Sie deshalb insgesamt auf eine gesunde und ausgewogene Ernährung. Dazu gehören vor allem Vollkorn- und Eiweißprodukte, Obst, Gemüse, Fisch und – in geringen Mengen – auch Fleisch.

Reine Nervennahrung sind zum Beispiel Reis, Kartoffeln, Vollkornprodukte, Nüsse und Rosinen. Diese Lebensmittel enthalten komplexe Kohlenhydrate, die der Körper in den Nerventreibstoff Glukose umwandelt.
Fehlt dieser Zuckerstoff im Körper, werden wir müde und anfällig für Stress. Ist unser Glukose-Pegel ausgeglichen, fühlen wir uns fit und können uns besser konzentrieren. Die folgenden Ernährungstipps zeigen Ihnen noch einmal im Einzelnen auf, wie Sie Ihr Essverhalten in Prüfungssituationen gestalten sollten.

▸TIPP

1. **Achten Sie darauf, dass Sie während des Lernens angenehm satt, aber nicht „voll gestopft" sind.**
2. **Essen Sie am besten fünfmal am Tag. Mehrere kleine Portionen sind bekömmlicher als wenige große. Nehmen Sie sich für jede einzelne Mahlzeit ausreichend Zeit und versuchen Sie, beim Essen nicht an die Arbeit zu denken.**
3. **Trinken Sie täglich mindestens 1,5 Liter – am besten Wasser, Saftschorlen oder Früchte- bzw. Kräutertee.**
4. **Essen Sie morgens etwas, auch wenn es Ihnen schwer fällt. Optimal für den Start in den Tag sind Müsli, Vollkornprodukte, Milch und Obst.**

5. Mittags sollten Sie leichte Gerichte mit viel Gemüse und Salat oder eine Suppe zu sich nehmen, denn ein schweres Mittagessen macht müde.
6. Stellen Sie auf Ihren Schreibtisch eine Schale mit Obst und Gemüse. Diese Vitaminbomben sind eine gesunde Alternative zu Süßigkeiten.
7. Beschließen Sie den Tag mit leichten Speisen wie Suppen, Salaten oder einer Brotzeit. Kalorienreiche Mahlzeiten liegen schwer im Magen und können das Einschlafen erschweren bzw. zu unruhigem Schlaf führen.

▸CHECKLISTE: LERNVORAUSSETZUNGEN

- Arbeiten und schreiben Sie im Unterricht aktiv mit, sodass Sie vollständige Arbeitsunterlagen haben.
- Richten Sie sich zu Hause einen Arbeitsplatz ein, an dem Sie sich wohl fühlen und ungestört lernen können.
- Stecken Sie Ihr Aufgabengebiet ab. Erkundigen Sie sich bei Lehrern oder Mitschülern genau, welche Themen und Aufgabentypen in der Prüfung vorkommen.
- Fangen Sie früh genug an, sich auf die Prüfung vorzubereiten. Stellen Sie einen Zeitplan auf.
- Tanken Sie zwischendurch frische Energie, indem Sie Pausen einplanen. Bewegen Sie sich an der frischen Luft und ernähren Sie sich gesund.

Voraussetzungen für das Lernen zu schaffen ist der erste Schritt auf dem Weg zu einer erfolgreichen Prüfungsvorbereitung. Wenn Sie die in diesem Kapitel vorgestellten Methoden und Techniken zukünftig in Ihre Lernmaßnahmen einbeziehen und speziell bei der Prüfungsvorbereitung anwenden, sind Sie auf dem besten Weg, Ihre bevorstehenden Prüfungen mit einem für Sie zufrieden stellenden Ergebnis abzuschließen.

Zusammenfassend werden hier noch einmal die wichtigsten Punkte aufgeführt, mithilfe derer Ihnen ein besseres Lernen möglich sein wird:
Sie brauchen zunächst einen angenehmen Arbeitsplatz. Dies wird im Normalfall der Schreibtisch in Ihrem Schlafzimmer sein. Weiterhin ist es wichtig, dass Sie schon während des Unterrichts aktiv mitarbeiten und möglichst ausführliche Mitschriften anfertigen, die Sie später zur Prüfungsvorbereitung nutzen können. Bevor Sie damit beginnen, müssen Sie klären, welche Anforderungen in der Prüfung an Sie gestellt werden, und einen genauen Zeitplan ausarbeiten. In diesem sollten Sie die einzelnen Lernschritte festhalten.

Bei all der Arbeit darf die Erholung natürlich nicht zu kurz kommen. Planen Sie ausreichend lange Pausen ein, bewegen Sie sich an der frischen Luft und ernähren Sie sich ausgewogen und gesund. Denken Sie aber auch daran, genug zu schlafen.

Nachdem nun die Voraussetzungen geschaffen sind, die effektives Arbeiten möglich machen, werden Ihnen im nächsten Kapitel verschiedene Techniken vorgestellt, die das Lernen erleichtern.

2 BESSER LERNEN

2.1 WIE UNSER GEHIRN ARBEITET

Unser Gehirn ist ein komplexer Organismus. Es hat eine riesige Speicherkapazität, doch wir verwenden normalerweise nur einen kleinen Teil davon. Um unseren Denkapparat optimal ausnutzen zu können, müssen wir zunächst verstehen, wie er funktioniert.

Warum wir vergessen

Tagtäglich liefern unsere Sinnesorgane Tausende von Informationen an unser Gehirn. Augen, Ohren, Nase und Geschmackssinn versorgen es mit immer neuen Eindrücken.

Von dieser Fülle von Informationen behalten wir jedoch nur einen winzig kleinen Teil, viele vergessen wir beinahe sofort wieder. Unser Gehirn funktioniert also wie ein Filter, der das Denken von überflüssigen Zusatzinformationen befreit, damit wir uns auf das Wesentliche konzentrieren können.

Kurzzeitgedächtnis und Ultrakurzzeitgedächtnis

Das menschliche Gehirn speichert neue Eindrücke in mehreren Schritten. Zunächst lagert es sie in unserem Kurzzeitgedächtnis ab, wo sie nur wenige Minuten haften bleiben, bevor sie eventuell weiterverarbeitet werden. Dabei handelt es sich aber bereits um grob gefilterte Informationen, die aus verschiedenen Gründen von unserem Gehirn für wichtig erachtet wurden.

Alle übrigen Eindrücke, die auf uns einströmen, kommen über die erste Stufe der Speicherung – das so genannte Ultrakurzzeitgedächtnis – nicht hinaus, wo sie maximal 20 Sekunden überdauern können, bevor sie uns wieder entfallen und somit für immer in Vergessenheit geraten.
Das Kurzzeitgedächtnis hingegen ist unser Arbeitsspeicher für alle neuen Informationen, denen wir ein gewisses Interesse entgegenbringen.

Langzeitgedächtnis
Damit wir uns jedoch noch länger als diese paar Minuten mit einer Information beschäftigen, muss sie unsere ungeteilte Aufmerksamkeit gewinnen. Wir behalten Dinge nur dann längerfristig, wenn sie uns – aus welchem Grund auch immer – interessieren.

Ein Grund für dieses Interesse könnte zum Beispiel sein, dass eine Prüfung über ein bestimmtes Thema bevorsteht. Oft interessieren uns Themen aber auch, weil sie bestimmte Gefühle in uns auslösen.

So könnte uns bei einem Spaziergang das Plakat einer Tierschutzinitiative auffallen. Es zeigt gequälte Tiere in einem Versuchslabor. Das Plakat berührt uns, wir denken über das Thema Tierschutz nach und sprechen vielleicht mit Freunden darüber. Später suchen wir uns die Telefonnummer der Tierschutzinitiative heraus, weil wir gerne Kontakt mit ihr aufnehmen möchten, um uns näher mit dem Thema zu befassen.

In diesem Fall hat ein Plakat unsere Neugierde geweckt und dazu geführt, dass wir uns für Tierschutz interessieren. Je intensiver und häufiger wir uns künftig mit dem Thema Tierschutz (oder einem anderen Thema) auseinandersetzen, je mehr Fragen wir stellen, desto besser werden wir alles speichern, was mit Tierschutz (oder diesem anderen Thema) in Zusammenhang steht und es immer wieder abrufen können, wenn in Zukunft die Rede davon sein wird.

Natürlich weckt nicht jeder Prüfungsstoff ein solches Interesse wie das gerade beschriebene Plakat der Tierschutzinitiative. Trotzdem können Sie aus dem Beispiel einiges für Ihre Prüfungsvorbereitung lernen, wie Sie im Folgenden erkennen werden.

Aktiv lernen

Der Mensch lernt dann besonders gut, wenn er dem Prüfungsstoff seine volle Aufmerksamkeit widmet und neugierig an ihn herangeht. Gewöhnen Sie sich an, beim Lernen Fragen zu stellen: Warum ist das so? Wie hängt A mit B zusammen?

►TIPP

Sprechen Sie mit Freunden und Mitschülern über die Prüfungsthemen und verinnerlichen Sie die unterschiedlichen Themenbereiche. Denken Sie immer daran: Lernen ist ein aktiver Vorgang, nur wenn Sie sich voll darauf einlassen, werden Sie gute Ergebnisse erzielen.

Sinne aktivieren

Wie gut Sie neue Informationen speichern und für sich behalten, hängt teilweise davon ab, über welchen Sinneskanal Sie sie aufnehmen. Einige Menschen können Informationen am besten speichern, wenn sie sie hören, andere müssen sie aufschreiben oder mit Mitschülern über das neue Unterrichtsthema sprechen.

Finden Sie selbst heraus, welcher Lerntyp Sie sind und entwickeln Sie Ihre eigene Lernstrategie. In der Forschung haben sich verschiedene Lerntypen-Einteilungen herausgebildet. Im folgenden Abschnitt finden Sie eine der gebräuchlichsten Klassifikationen in *visuell, auditiv, motorisch* und *kommunikativ*:

- *Visuelle Lerntypen* behalten diejenigen Dinge am besten, die sie sehen.
- *Auditive Lerntypen* lernen beim Zuhören am meisten.
- *Motorische Lerntypen* können sich Gegenstände gut merken, die sie anfassen und gestalten.
- *Kommunikative Lerntypen* lernen am liebsten in der Gruppe, also im Gespräch mit anderen.

Alle Sinne nutzen

Haben Sie bereits herausgefunden, dass Sie ein visueller Lerntyp sind? Dann nutzen Sie künftig beim Lernen verstärkt Ihren Gesichtssinn. Lesen Sie viel und prägen Sie sich Wissen über Bilder und Grafiken ein.

Das bedeutet jedoch nicht, dass Sie die anderen „Sinneskanäle“ vollkommen außer Acht lassen sollen. Wissenschaftliche Untersuchungen haben gezeigt, dass das menschliche Gehirn neue Inhalte besonders gut speichert, wenn beim Lernen mehrere verschiedene Sinne gleichzeitig angesprochen werden.

Rechte und linke Gehirnhälfte

Das Erinnern funktioniert besonders gut, wenn sowohl die rechte als auch die linke Gehirnhälfte daran beteiligt sind.

Die linke Seite unseres Gehirns ist unter anderem zuständig für die Sprache, für Zahlen und Logik. Die rechte Seite wird aktiv, wenn wir unsere Fantasie einschalten, uns mit Bildern, Farben, Rhythmus, Tanz, Gefühlen und Musik beschäftigen.

Sprechen wir beim Lernen beide Gehirnhälften an, so werden die neuen Informationen zuverlässiger und langfristiger im Gedächtnis verankert. Die Wahrscheinlichkeit, dass wir uns später daran erinnern, steigt. Selbst in Stresssituationen fallen uns die so gelernten Inhalte meist wieder ein.

TIPP

Versuchen Sie beim Lernen möglichst viele „Sinneskanäle“ zu aktivieren. Nutzen Sie Ihren Gesichtssinn beim Lesen und Betrachten von Grafiken. Fordern Sie Ihren Gehörsinn, wenn Sie mit anderen über die Prüfungsthemen reden und aktivieren Sie Ihren Tastsinn beim Gestalten von Lernplakaten und Zeichnen von Schaubildern. Betätigen Sie sich im Physikunterricht an Versuchen.

An Bekanntes anknüpfen

Wenn unser Gehirn neue Inhalte speichert, knüpft es an bereits Bekanntes an. Der menschliche Denkapparat besteht aus rund 40 000 Nervenzellen, die untereinander über hauchfeine Nervenverbindungen verkabelt sind.
Wenn wir zum Beispiel an die Stadt London denken, tauschen unsere grauen Zellen über die Nervenverbindungen Informationen in Form von elektrischen Signalen aus. Diese Signalketten sorgen dafür, dass unser vorhandenes Wissen abgerufen wird.

Der Mensch kann einmal abgespeichertes Wissen ständig verändern und erweitern. Zum Beispiel dann, wenn er etwas Neues über die Stadt London erfährt. In diesem Fall gehen seine bestehenden „London-Zellen" Verbindungen mit neuen Zellen ein.
Diese Arbeitsweise unseres Gehirns wirkt sich auch auf unser Lernvermögen aus. Wir können neue Themen dann besonders gut verarbeiten, wenn wir Parallelen zu bekannten Inhalten ziehen.
Das politische System Amerikas verstehen wir beispielsweise leichter, wenn wir es mit dem deutschen System vergleichen. Und auch die Regeln einer neuen Sportart lassen sich besser durchschauen, wenn wir Parallelen zu bekannten Sportarten ziehen. Fragen Sie sich deshalb bei allem, was Sie lernen müssen, ob Sie bereits etwas Ähnliches kennen, denn das wird Ihnen helfen, neue Informationen schnell und langfristig in Ihrem Gedächtnis speichern zu können.

Portionsweise lernen

Wie bereits an früherer Stelle erwähnt, kann der Mensch nur eine begrenzte Menge an neuen Informationen gleichzeitig verarbeiten und langfristig speichern. Teilen Sie Ihren Lernstoff deshalb in Portionen ein. Versuchen Sie nicht, 50 Vokabeln auf einmal zu lernen. Prägen Sie sich stattdessen täglich zehn ein, die Sie in regelmäßigen Abständen wiederholen. Dabei ist es allerdings vorteilhaft, zunächst den gesamten Lernstoff durchzusehen und somit einen Überblick zu gewinnen. Danach können Sie auf die Einzelheiten eingehen, wobei der gesamte Lernstoff nicht aus den Augen verloren werden sollte.

Wissen auffrischen

Das Gehirn funktioniert wie ein Muskel, den wir regelmäßig trainieren müssen. Wenn wir einzelne Verbindungen zwischen Nervenzellen lange Zeit nicht nutzen, werden sie abgebaut und gehen verloren.

Setzen wir uns also längere Zeit mit einem bestimmten Thema nicht mehr auseinander, laufen wir Gefahr, vieles, was wir zu früherer Zeit in diesem Bereich gelernt haben, zu vergessen. Andererseits können wir bestimmte Nervenverbindungen auch stärken, wenn wir sie häufig nutzen. Je öfter und intensiver wir über einen Gegenstand nachdenken, desto mehr festigen sich die Verbindungen zwischen den entsprechenden Nervenzellen. Deshalb ist es wichtig, Themen in bestimmten Abständen zu wiederholen.

▸ CHECKLISTE: WIE SIE IHR GEHIRN OPTIMAL NUTZEN

- Gehen Sie neugierig und aktiv an den Prüfungsstoff heran. Stellen Sie Fragen und reden Sie mit Ihren Freunden über das Thema. Sie behalten Informationen am besten, wenn Sie ihnen Ihre volle Aufmerksamkeit widmen.
- Schalten Sie beim Lernen alle Sinne ein. Unser Gehirn kann sich Gegenstände besonders gut merken, wenn wir Sie sehen, hören, fühlen, schmecken und riechen.
- Finden Sie heraus, welcher Lerntyp Sie sind und entwickeln Sie Ihre eigene Lernstrategie.
- Achten Sie darauf, dass Sie beim Lernen beide Gehirnhälften ansprechen - auch dies fördert die Merkfähigkeit und trainiert vor allem die Gehirnhälfte, die von Ihren Anlagen her weniger ausgeprägt entwickelt ist.
- Knüpfen Sie an vorhandenes Wissen an und versuchen Sie, dieses abgespeicherte Wissen ständig zu verändern und zu erweitern. Ziehen Sie Vergleiche zu bekannten Gegenständen und suchen Sie nach Beispielen, die das neue Thema verdeutlichen.
- Teilen Sie den Lernstoff in schaffbare Lernportionen ein und versuchen Sie nicht, alles auf einmal zu lernen. Bedenken Sie, dass das menschliche Gehirn nur eine begrenzte Zahl an neuen Informationen gleichzeitig verarbeiten kann.
- Frischen Sie Ihr Wissen regelmäßig auf, da sonst einzelne Verbindungen zwischen Nervenzellen abgebaut werden und verloren gehen. Trainieren Sie Ihr Gehirn wie einen Muskel, damit Sie Inhalte auch langfristig speichern können. Je öfter Sie über einen bestimmten Sachverhalt nachdenken, desto fester wird er sich in Ihrem Gedächtnis verankern.

2

2.2 TEXTE LESEN IN 5 SCHRITTEN

Vermutlich haben Sie schon bei verschiedenen Anlässen gehört, dass man Texte zunächst von vorne bis hinten gründlich durchlesen soll, bevor man sie näher untersucht.

Der Nachteil dieser Methode besteht darin, dass das Gehirn lange und komplizierte Texte nicht auf einmal erfassen kann. Wir wissen am Ende der Lektüre oft nicht mehr, was am Anfang stand. Eigentlich müssten wir den ganzen Text jetzt noch einmal lesen, um ihn wirklich zu verstehen. Doch das kostet Zeit und Nerven. Ein weiterer Nachteil ist, dass viele Menschen beim Lesen längerer Texte nach einiger Zeit abschalten. Sie lesen mechanisch weiter, ohne zu wissen, was sie lesen.

Die 5-Schritt-Lesetechnik hilft Ihnen dabei, den vollständigen Sinngehalt längerer Text zu erfassen. Mit der richtigen Einteilung der Lektüre können Sie nämlich verhindern, dass Sie mit Ihren Gedanken abschweifen.

Die 5-Schritt-Lesetechnik geht nach dem folgenden Muster vor:

1. Überblick verschaffen
2. Fragen stellen
3. Gründlich lesen
4. Abschnittsweise analysieren
5. Text im Zusammenhang deuten

1. Überblick verschaffen
Zunächst überfliegen Sie den Text nur. Dabei versuchen Sie sich einen ersten Eindruck von Aufbau und Inhalt des Textes zu verschaffen. Dabei sind vor allem folgende Fragen wichtig:

- Welches Thema behandelt der Text?
- Ist beim Überfliegen bereits eine Struktur erkennbar (also eine Reihenfolge, in der das Thema behandelt wird)?

Bei Büchern lesen Sie zuerst den Klappentext auf dem Buchumschlag sowie das Vorwort und das Inhaltsverzeichnis. Anschließend machen Sie sich an die Einleitung, einzelne Kapiteleinstiege und lesen das Ende des Buches. Blättern Sie es schließlich durch und achten Sie dabei auf Grafiken und Schaubilder.

Bei Kurzgeschichten und Sachtexten sollten Sie zunächst auf den Titel, die Kapitelüberschriften und Fettgedrucktes sowie auf sonstige Hervorhebungen achten. Lesen Sie den Beginn des Textes, die Anfänge einzelner Abschnitte und das Ende.

Beispiel
Beim Überfliegen einer Kurzgeschichte finden Sie heraus, dass eine Auseinandersetzung zwischen zwei befreundeten jungen Männern beschrieben wird. Die Geschichte kreist also um das Thema *Streit zwischen Freunden*.

Die Geschichte beschreibt zunächst die Freundschaft der beiden, schildert später ihre Auseinandersetzung und stellt am Ende das Leben der beiden Freunde nach dem Streit dar.

Nun haben Sie bereits eine bestimmte Vorstellung davon, worum es im Text geht. Dennoch bleiben viele Fragen offen.

2. Fragen stellen

Im nächsten Schritt stellen Sie gezielte Fragen an den Text. Überlegen Sie dabei, welche persönlichen Erwartungen Sie an den Text haben. Welche Aspekte des Themas *Streit zwischen Freunden* soll er genauer beschreiben? Folgende Fragen wären möglich:

- Warum streiten die Hauptfiguren?
- Gibt es einen Auslöser für den Streit? Was ist die Ursache für den Streit?
- Legen sie den Streit bei oder nicht?
- Wie werden die Hauptfiguren beschrieben? Wie kann man sie charakterisieren?
- Welche Vorstellung von Freundschaft haben die beiden Männer?
- Wie wichtig ist ihnen ihre Freundschaft?
- Wird die Freundschaft weiter bestehen?
- Werden die beiden ihre Einstellungen zu Gunsten der Freundschaft überdenken oder gar ändern?
- Gibt es weitere unmittelbar betroffene Personen? Wie haben diese den Streit erlebt?

Die Liste ließe sich natürlich noch fortsetzen. Lassen Sie Ihrer Fantasie freien Lauf und sammeln Sie alle Fragen, die der Text aus Ihrer Sicht beantworten sollte. Sollten Sie Schwierigkeiten haben weitere Fragen zu finden, so ändern Sie Ihren Blickwinkel und stellen Sie die Fragen aus einer anderen Perspektive.

3. Gründlich lesen

Erst jetzt sollen Sie die Kurzgeschichte gründlich durchlesen. Gehen Sie dabei etappenweise vor. Halten Sie nach größeren Abschnitten inne und lassen Sie die Handlung noch einmal vor Ihrem geistigen Auge vorüberziehen. Fragen Sie sich anschließend, ob Sie den Text wirklich verstanden haben. Auf diese Weise verhindern Sie, dass Sie während der Lektüre mit Ihren Gedanken abschweifen.

Darüber hinaus sollten Sie versuchen, beim Lesen die Hauptaussagen des Textes herauszuarbeiten. Hierbei helfen Ihnen auch die vorher formulierten Fragen an den Text. Achten Sie darauf, wie sie der Text beantwortet.

Aussagekräftige Passagen unterstreichen oder markieren Sie mit einem Leuchtstift. Besonders wichtige Informationen können Sie zusätzlich am Textrand notieren. Heben Sie Schlüsselszenen mit einem Ausrufezeichen hervor und markieren Sie Unverständliches mit einem Fragezeichen. Falls Sie unbekannte Wörter finden sollten, schlagen Sie diese am besten sofort nach und schreiben sie auf eine Liste, um sie nicht wieder zu vergessen.

Möglicherweise stellen Sie bei der ausführlichen Lektüre fest, dass der Text Fragen behandelt, an die Sie bisher nicht gedacht haben.

Zum Beispiel beschreibt er nicht nur die Freundschaft der jungen Männer, sondern auch, wie sich beide zum ersten Mal verlieben. Die Liebesbeziehungen verraten viel über den Charakter der beiden. Deshalb sollten Sie das neue Thema in Ihren Fragenkatalog zum Text aufnehmen. Notieren Sie sich Fragen wie diese:

- Wie verlaufen die Liebesbeziehungen der beiden Hauptfiguren?
- Was verraten die Beziehungen über den Charakter der Männer?

4. Abschnittsweise analysieren

Teilen Sie den Text nach der Lektüre in Sinnabschnitte ein und versehen Sie diese jeweils mit einer passenden Überschrift.

Beispiel

I	Die Freundschaft
II	Die erste Liebe
III	Der Streit
IV	Leben nach dem Streit

Gehen Sie nun die vier Textpassagen durch und beschreiben Sie mit Ihren eigenen Worten die Handlung sowie die wichtigsten Aussagen des Textes. Beantworten Sie vor allem folgende Fragen:

- Was passiert?
- Was erfahren wir über die Hauptfiguren?
- Erfahren wir etwas über den Streit und seine Ursachen?

Halten Sie Ihre Antworten möglichst knapp und versuchen Sie, Wichtiges von Unwichtigem zu trennen. Schreiben Sie sich die Antworten bzw. Ergebnisse in Stichworten auf, zum Beispiel auf Karteikarten oder in Form einer Tabelle wie der folgenden.

	Handlung	**Figuren**	**Konflikt**
I			
II			
III			
IV			

5. Text im Zusammenhang deuten

Gehen Sie zum Schluss noch einmal Ihre Aufzeichnungen durch und betrachten Sie den Text im Zusammenhang. Hat er eine Kernaussage? Was sagt er über das Thema Freundschaft aus? Beschreibt er typische Probleme, die zwischen Freunden auftreten können, oder schildert er eine Ausnahmefreundschaft? Notieren Sie alle Fragen und Antworten, die Ihnen in den Sinn kommen.

▸TIPP

Am besten sprechen Sie mit Mitschülern und Freunden über den Text, denn gemeinsam können Sie mehr Ideen zusammentragen. Je intensiver Sie sich mit dem Text auseinandersetzen, desto besser werden Sie ihn verstehen. Schreiben Sie am Ende alle Ideen zum Text auf ein großes Lernplakat.
Lesen Sie sich vor der Prüfung mehrfach ihre Aufzeichnungen (Karteikarten, Lernplakat etc.) durch. Versuchen Sie anschließend, die Inhalte mit ihren eigenen Worten zu beschreiben.

Übung 3: Üben Sie die 5-Schritt-Lesetechnik an einem Beispiel. Suchen Sie sich eine Kurzgeschichte oder einen zwei- bis dreiseitigen Sachtext heraus und lesen Sie ihn nach dem beschriebenen Muster.

▸CHECKLISTE: LESEN IN 5 SCHRITTEN

- **Überfliegen Sie den Text. Welches Thema behandelt er und wie ist er aufgebaut?**
- **Formulieren Sie Fragen an den Text. Welche Punkte sind nach dem Überfliegen noch unklar?**
- **Lesen Sie den Text gründlich durch und behalten Sie dabei Ihre Fragen im Hinterkopf. Beantwortet der Text Ihre Fragen?**

- Teilen Sie den Text in Sinnabschnitte ein und fassen Sie diese zusammen. Welche wichtigen Informationen/Aussagen finden Sie in den Abschnitten?
- Beschreiben Sie die Handlung mit Ihren eigenen Worten. Überlegen Sie sich dabei genau, auf welche Informationen Sie eingehen.
- Betrachten Sie den Text im Zusammenhang. Hat er eine zentrale Aussage? Wie deuten Sie ihn?

2.3 MIT GESCHICHTEN LERNEN

Geschichten können wir uns oft besser merken als einzelne Begriffe, Zahlen und Formeln. Deshalb kann es nützlich sein, Lerninhalte in kleine Erzählungen zu verpacken.

Ketten-Technik

Nehmen wir einmal an, Sie möchten sich völlig unzusammenhängende Begriffe in einer bestimmten Reihenfolge merken. Zum Beispiel Begriffe wie:

Apfel, Fahrkarte, Freundschaft, Café, Zug

Versuchen Sie nun, die Wörter miteinander zu verketten, indem Sie sich eine Geschichte einfallen lassen. Bringen Sie alle Stichworte in Ihrer Erzählung unter. Lassen Sie dabei Ihrer Fantasie freien Lauf. Die Geschichte kann ruhig verrückt klingen. Dann behalten Sie sie umso besser. Sie könnte zum Beispiel folgendermaßen lauten:

Als Herr M. am Obststand einen ***Apfel*** *kaufen wollte, sprach ihn ein älterer Herr an. Dieser fragte Herrn M., ob er ihm etwas Geld für eine* ***Fahrkarte*** *nach L. leihen könnte. Er selbst habe seine Geldbörse zu Hause liegen lassen und wüsste sich keinen anderen Rat, obwohl ihm das sehr peinlich sei. Herr M. griff in seine Manteltasche und stellte fest, dass er selbst sein Portemonnaie daheim vergessen hatte. Herr M. schlug vor, dass sie gemeinsam zu ihm nach Hause gingen, um das Portemonnaie zu holen. Gesagt, getan. Im Laufe des Nachmittags schlossen die beiden* ***Freundschaft****. Sie unterhielten sich lange, gingen gemeinsam in ein* ***Café*** *und verlebten eine angenehme Zeit, bis es für den älteren Herrn Zeit war, seinen* ***Zug*** *zu nehmen. Die beiden verabschiedeten sich voneinander und beschlossen, sich bald wiederzusehen.*

TIPP

Schreiben Sie sich Ihre Geschichte auf und merken Sie sich den Ablauf. Auf diese Weise werden Sie auch die einzelnen Begriffe in der richtigen Reihenfolge behalten.

Übung 4: Prägen Sie sich die folgenden Begriffe mithilfe der Ketten-Technik ein:

Bahnhof, Kenia, Eis, Büro

Eine mögliche Lösung finden Sie im Anhang.

Die Bildergeschichten-Methode

Gerade Zahlen und Formeln lassen sich oft nur schwer auswendig lernen, da sie sehr abstrakt sind. Doch oft kommen Sie nicht umhin sich eine Zahlenkombination einzuprägen oder eine mathematische Formel zu lernen. Die Bildergeschichten-Methode hilft unserem Denkvermögen auf die Sprünge.

Sie setzen die abstrakten Zeichen zunächst in Bilder um und verketten diese anschließend zu einer Geschichte. Auf diese Weise können Sie selbst längere Zeichenkombinationen lernen und langfristig behalten.

Das Prinzip kennen wir seit der Grundschule. Die meisten Erstklässler lernen das Alphabet, indem sie Buchstaben mit kleinen Bildern verbinden. *A* steht zum Beispiel für *Apfel, B* für *Bär* und so weiter. Diese Methode lässt sich auch auf Zahlen anwenden.

Beispiel

Nehmen Sie sich die Ziffern 0 bis 9 vor und überlegen Sie sich für jede einzelne ein Symbol, das möglichst gut ihre jeweilige Form widerspiegelt.

Etwa für die 0 ein Ei, für die 1 einen Wanderstab, für die 2 einen Schwan, für die 3 eine Brezel, für die 4 ein Schiff, für die 5 eine schwangere Frau, für die 6 einen Elefantenrüssel, für die 7 eine Sense, für die 8 eine Sanduhr und für die 9 neun Kegel („alle Neune“).

Prägen Sie sich die Kombinationen aus Bild und Zahl gut ein. Sie können sie zum Beispiel auf Karteikarten malen und wie Vokabeln lernen.

Künftig werden Sie Zahlen automatisch mit Bildern in Verbindung bringen. Zum Beispiel das Geburtsdatum Karls des Großen: 747 n. Chr.

Nach den obigen Vorgaben entspricht die Zahlenkombination *7 – 4 – 7* den Symbolen *Sense – Schiff – Sense*. Mit einem einfachen Trick können Sie diese Bilderfolge, und damit die dazugehörige Jahreszahl, dauerhaft in Ihrem Gedächtnis verankern:

Denken Sie sich eine kleine Geschichte aus, in der Karl der Große die Hauptrolle spielt und in der die drei Symbole *Sense – Schiff – Sense* der Reihe nach vorkommen. Die Handlung kann ruhig weit hergeholt sein. Ihrer Fantasie sind dabei keine Grenzen gesetzt. Je ausgefallener die von Ihnen erfundene Geschichte ist, desto besser werden Sie sie sich einprägen. Wichtig ist vor allem, dass Sie die Geschichte lebhaft ausschmücken und sie mehrfach vor Ihrem inneren Auge ablaufen lassen. Auf diese Weise werden Sie sie so schnell nicht wieder vergessen.

Wenn Sie sich später an das Geburtsdatum Karls des Großen erinnern wollen, müssen Sie sich einfach Ihre Geschichte ins Gedächtnis rufen.

Übung 5: Bestimmt gibt es eine Zahl, die Sie sich noch nie ichtig merken konnten. Lernen Sie sie nun mithilfe der Bil- ergeschichten-Methode.

uch chemische Formeln können Sie länger behalten, wenn ie sie als Bildergeschichte in Ihrem Gedächtnis abspeichern. Vollen Sie sich beispielsweise die Formel für Ammoniak (NH_3) nerken, überlegen Sie sich zunächst Bilder für die Buchsta- en N und H sowie für die Zahl 3, zum Beispiel:

- N Nase
- H Hase
- 3 Brezel

rägen Sie sich nun die Kombination aus Bildern und Buch- taben sowie der Zahl ein. Erfinden Sie jetzt eine weitere Ge- chichte, in der das Wort *Ammoniak* vorkommt und die Sym- ole *Nase*, *Hase* und *Brezel* nacheinander auftauchen. Diese eschichte muss nicht unbedingt in Zusammenhang mit den nzelnen Bildern stehen. Wichtig ist allerdings, dass diese örter in irgendeiner Weise in Ihrem Text vorkommen. Da- ei gilt wieder: Je mehr Einfallsreichtum Sie beweisen, desto inprägsamer ist die Geschichte.

tellen Sie sich die Geschichte mehrmals hintereinander vor nd versuchen Sie, diese zu verinnerlichen. Auf diese Weise erknüpfen Sie den Begriff *Ammoniak* mit der in Bilder über- etzten Formel in Ihrem Gedächtnis.

Übung 6: Lernen Sie folgende Formeln mithilfe der Bildergeschichten-Methode. Eine mögliche Vorgehensweise finden Sie im Anhang.

- HCl = Salzsäure
- NH_4Cl = Salmiak

CHECKLISTE: DIE BILDERGESCHICHTEN-METHODE

- **Finden Sie Symbole für Zahlen oder Buchstaben.**
- **Prägen Sie sich die Kombinationen aus Bildern, Zahlen und Buchstaben ein.**
- **Übersetzen Sie Formeln und Zahlenfolgen, die Sie lernen wollen, in die entsprechenden Symbole.**
- **Denken Sie sich eine Geschichte aus, in der der Gegenstand, den Sie lernen wollen, eine Hauptrolle spielt und die dazugehörigen Symbole der Reihe nach auftauchen.**
- **Lassen Sie die Handlung mehrmals vor Ihrem geistigen Auge ablaufen und prägen Sie sich den Ablauf gut ein.**

TIPP

Gestalten Sie ein Lernplakat, um die Bildergeschichten-Methode schneller zu lernen. Malen Sie Buchstaben und Zahlen mit den entsprechenden Symbolen auf ein großes Blatt Papier. Dieses Plakat hängen Sie gut sichtbar an die Wand. Betrachten Sie es so oft wie möglich.

.4 WISSEN MIT ORTEN VERKNÜPFEN

er Begriff *Loci-Methode* stammt aus dem Lateinischen und eitet sich von dem Wort *locus (= Ort)* ab. Mithilfe dieser aumtechnik können Sie sich ebenfalls Informationen in ei- er bestimmten Reihenfolge merken, um sie zu einem spä- eren Zeitpunkt wieder abzurufen. Es kann sich um ge- chichtliche Daten handeln, aber auch um biologische Pro- esse oder den Ablauf eines Referats.

enken Sie an einen Raum oder Weg, den Sie besonders gut ennen. Zum Beispiel an einen Raum in Ihrer Wohnung, wie hr Schlafzimmer oder die Küche. Sie können aber auch ei- en Raum frei erfinden. Stellen Sie sich nun einige markante unkte des Raumes vor, wie etwa Tür, Sessel, Tisch, Stuhl, ett oder Schreibtisch.

aufen Sie den Raum in Gedanken mehrmals ab und legen Sie ine bestimmte Route fest. Prägen Sie sich diesen Weg gut in. Falls Sie Probleme haben, sich Ihr Fantasiezimmer vor- ustellen, sollten Sie es aufzeichnen und die Zeichnung mög- chst oft ansehen.

otieren Sie anschließend die Gegenstände, die Sie lernen öchten:
e wollen sich beispielsweise den Verlauf eines Referats über amibia merken, das Sie in Erdkunde halten werden. Der Vor- ag soll Ihren Mitschülern das Land im Süden Afrikas mög- chst umfassend vorstellen.

2

Die wichtigsten Fakten haben Sie bereits auswendig gelernt
Jetzt geht es Ihnen nur noch darum, den Ablauf des Refe
rats zu behalten, damit Sie während des Vortrags nicht durch
einanderkommen. Der Aufbau des Referats könnte folgen
dermaßen aussehen.

Namibia

1. Geografische Lage
2. Größe und Bevölkerungszahl
3. Naturraum
4. Klima
5. Flora und Fauna
6. Regierung
7. Wirtschaft

Suchen Sie jetzt nach Bildern und Symbolen, die die Theme
darstellen könnten. Lassen Sie Ihrer Fantasie dabei freie
Lauf.

Beispiel

Geografische Lage: eine Afrika-Karte, auf der Namibia rc
eingezeichnet ist.

Größe und Bevölkerungszahl: ein Spielbrett mit den Ko
turen Namibias, auf dem zahlreiche Holzfiguren stehen, d
Menschen darstellen.

Naturraum: eine große Kiste aus Pappe oder aus Glas, in d
sich Wälder, Wüsten und Steppen im Miniaturformat befi
den.

Versuchen Sie jetzt, die Themen des Referats mit ihrem Fantasieraum zu verknüpfen. Stellen Sie sich zunächst vor, dass an der Tür ihres Fantasieraums das Symbol für die geografische Lage Namibias hängt: eine Afrika-Karte, auf der das Land rot eingezeichnet ist.

Durch dieses Bild verbinden Sie den ersten Abschnitt ihres Referats unmittelbar mit dem Eintritt in ihren Fantasieraum. Prägen Sie sich das Bild gut ein und gehen Sie in Gedanken weiter durch Ihr Zimmer.

Denken Sie nun an den Sessel, der in der Nähe der Tür steht. Stellen Sie sich vor, dass auf dem Sessel das Symbol für die Größe und Bevölkerungszahl des Landes liegt, ein Spielbrett mit den Konturen Namibias, auf dem zahlreiche Figuren stehen. Merken Sie sich auch dieses Bild gut.

Sie gehen weiter bis zum Schreibtisch und stellen sich vor, dass dort in einer großen Kiste der gesamte Naturraum des afrikanischen Landes im Miniaturformat wuchert. Wälder, Flüsse, Savannen und Wüsten machen sich zwischen Computer und Drucker breit.

Setzen Sie Ihren Rundgang fort und verbinden Sie die Möbel Ihres Zimmers nach dem bekannten Muster mit allen Themen Ihres Vortrags. Gehen Sie anschließend noch mehrmals in Gedanken durch diesen Raum, damit sich die Bilder gut einprägen.

▸ TIPP

Am besten zeichnen Sie Ihren Fantasieraum mit den Möbeln und den dazugehörigen Symbolen auf und betrachten die Zeichnung möglichst oft.

Übung 7: Versuchen Sie sich den Verlauf des Namibia-Referats einzuprägen, indem Sie Ihren persönlichen Fantasieraum aufzeichnen. Übrigens können Sie anstelle eines Raumes auch einen Weg mit vielen markanten Punkten wählen, zum Beispiel Ihren Schulweg.
Einen Lösungsvorschlag finden Sie im Anhang.

▸ CHECKLISTE: LOCI-METHODE

- **Denken Sie an einen Raum oder Weg, den Sie besonders gut kennen. Überlegen Sie sich, welche markanten Punkte er besitzt. Gehen Sie in Gedanken durch den Raum beziehungsweise den Weg entlang und merken Sie sich die Route, das heißt die Reihenfolge der ausgemachten Punkte genau.**
- **Schreiben Sie alle Gegenstände, die Sie lernen möchten, in Form einer Liste auf.**
- **Überlegen Sie sich Symbole für die Gegenstände, die Sie behalten möchten.**
- **Verbinden Sie die Symbole mit den markanten Punkten Ihres Fantasieraumes oder -weges. Stellen Sie sich zum Beispiel vor, wie die Symbole auf Ihren Möbelstücken liegen. Prägen Sie sich den so gestalteten Fantasieraum gut ein. Nutzen Sie ihn als Gedächtnisstütze für Ihre Prüfung oder Ihren Vortrag.**

2.5 VOKABELN KREATIV LERNEN

Vokabeln sind das A und O jeder Fremdsprache und somit ein Muss für jeden Sprachenschüler. Das ist den meisten Lernern durchaus bewusst. Doch vor dem Vokabelpauken drücken sich dennoch viele gern, denn das Lernen endloser Wortlisten verbinden sie mit purer Langeweile. Dabei muss das Vokabellernen nicht zwangsläufig langweilig sein, wenn Sie dabei Ihre Fantasie einsetzen.

Das richtige Maß

Doch bevor Sie starten, sollten Sie sich zunächst realistische Ziele setzen. Nehmen Sie sich nie zu viel auf einmal vor, sondern teilen Sie sich die Wortliste in kleinere Portionen ein, also höchstens fünf bis zehn Vokabeln in einem Block. Gehen Sie folgendermaßen vor: Lernen Sie zuerst die einzelnen Portionen und gehen Sie dann alle Wörter auf einmal durch. Schreiben Sie alle Wörter, die Sie nicht behalten haben, auf eine Extra-Liste und gehen Sie sie nochmals durch. Pro Tag sollten Sie maximal 30 neue Vokabeln lernen. Mit dieser Menge ist das Gehirn normalerweise ausgelastet.

Alle Sinne nutzen

Aktivieren Sie auch beim Vokabellernen alle Ihre Sinne – zum Beispiel Ihren Gesichtssinn. Vokabeln prägen sich besonders gut in unserem Gedächtnis ein, wenn wir sie mit Bildern verbinden. Eine sehr nützliche Lernhilfe sind deshalb Bildwörterbücher oder Bildtafeln, die zu jedem Begriff eine entsprechende Abbildung zeigen.

2

Mit Bildern lernen

Gestalten Sie selbst eine Bildtafel. Schreiben Sie Vokabeln, die Sie lernen möchten, auf ein großes Blatt Papier. Zeichnen Sie entsprechende Abbildungen daneben und hängen Sie sich das Plakat an die Wand. Betrachten Sie Ihr Lernplakat so oft wie möglich.

Wenn Sie Wörter zu einem bestimmten Themenfeld lernen möchten, können Sie eine Lerncollage gestalten. Einmal angenommen, Sie wollen Vokabeln aus dem Bereich Einkaufen lernen. Schneiden Sie dazu aus Magazinen die entsprechenden Bilder aus, kleben Sie diese auf ein großes Blatt Papier und schreiben Sie die dazugehörigen Wörter daneben. Betrachten Sie die Collage möglichst oft, um sich die Begriffe immer wieder einzuprägen.

Anstelle einer Collage können Sie auch eine Gedankenlandkarte zu einem Wortfeld zusammenstellen. Schreiben Sie den Oberbegriff, zum Beispiel *shopping*, in die Mitte des Blattes und sammeln Sie dazugehörige Begriffe um den Oberbegriff.

Eine Fremdsprache können sie auch mithilfe von Comics lernen, denn der Sinn der (einfachen) Texte lässt sich gut über Bilder erschließen, auch wenn man nicht jedes Wort in der Sprechblase versteht. Kaufen Sie sich ein Comic in einer Fremdsprache und schmökern Sie los. Ein Tipp: Der französische Comic *Asterix und Obelix* wurde bereits in zahlreiche Fremdsprachen übersetzt.

Klang und Bedeutung

Lernen Sie Vokabeln nicht nur über das geschriebene Wort, sondern auch über den Klang Ihrer Aussprache. Üben Sie zum Beispiel mithilfe eines Kassettenrekorders. Sprechen Sie zunächst das deutsche Wort auf Band, lassen Sie anschließend eine längere Pause und nehmen Sie dann das fremdsprachige Wort auf.

Wenn Sie alle Vokabeln gesprochen haben, können Sie die Kassette abhören. Sie hören zunächst das deutsche Wort, liefern die Übersetzung und können anschließend kontrollieren, ob Sie richtig lagen. Der Vorteil der Kassettenrekorder-Methode ist, dass Sie mit einem Walkman praktisch überall Vokabeln lernen können, egal ob beim täglichen Spaziergang mit Ihrem Hund oder im Bus.

Umgeben Sie sich möglichst häufig mit dem Klang der Fremdsprache, die Sie lernen möchten. Gibt es in Ihrer Stadt ein Kino, das fremdsprachige Filme im Originalton mit Untertitel zeigt, dann nutzen Sie das Angebot. Eine bessere Möglichkeit, auf unterhaltsame Weise Vokabeln zu lernen, gibt es nicht. Statt ins Kino zu gehen, können Sie sich natürlich auch einen Video- oder DVD-Film im Original anschauen.

Eine weitere Möglichkeit Vokabeln zu festigen ist, die Sprache im Alltag anzuwenden. Verabreden Sie sich zum Beispiel mit Freunden zur *Teatime* oder zum *Rendezvous* und unterhalten Sie sich dabei die ganze Zeit in der Fremdsprache – notfalls mit Händen und Füßen, denn das oberste Gebot lautet: Kein Wort deutsch! Sie werden sehen: Sie haben Spaß und können dabei auch noch etwas lernen.

Je mehr Sie sich mit dem Klang der Fremdsprache vertraut machen, desto leichter wird Ihnen das Vokabellernen fallen. Falls Sie die Möglichkeit haben, sollten Sie zwischendurch auch mal fremdsprachige Radiosender hören. Sie werden zu Beginn einiges nicht verstehen, doch diese Übung wird sich rasch für Sie lohnen.

Lerntechniken für knifflige Fälle

Einige Vokabeln sind besonders widerspenstig und wollen einfach nicht in den Kopf hinein. In diesen Fällen sollten Sie Ihre Fantasie spielen lassen. Bei den folgenden Lerntechniken ist bildhaftes Vorstellungsvermögen gefragt.

a) Bilder zur deutschen Aussprache suchen: Sprechen Sie das fremdsprachige Wort zunächst einmal deutsch aus. So wird beispielsweise aus dem englischen Wort *dole (Arbeitslosengeld)* das Wort *Dohle*, was zu Deutsch eine Vogelart bezeichnet.
Stellen Sie sich nun möglichst konkret eine Dohle vor. Eine Dohle ist ein Rabenvogel, also ein schwarzer Vogel.
Verbinden Sie nun das Bild der Dohle mit der Wortbedeutung *Arbeitslosengeld*. Überlegen Sie sich, wie sich jemand fühlen muss, der zum Arbeitsamt geht, um sein Arbeitslosengeld zu beantragen. Wahrscheinlich ist er nicht so besonders glücklich, was Sie mit der Farbe Schwarz in Zusammenhang bringen können. Sehen Sie zum Beispiel vor Ihrem geistigen Auge, dass alle Menschen, die aus dem Arbeitsamt kommen, eine Dohle in der Hand tragen, die sich lautstark darüber be-

schwert nicht davonfliegen zu dürfen, weil sie an dem Handgelenk des Menschen angekettet ist. Prägen Sie sich die Verbindung von *dole – Dohle – Arbeitslosengeld* gut ein.
Von dem lateinischen Wort *cubare* (dt.: *liegen*) können Sie die deutschen Wörter *Kuh* und *Bahre* ableiten. Stellen Sie sich die beiden Begriffe dazu bildlich vor. Verbinden Sie nun die Bilder *Kuh* und *Bahre* mit der Wortbedeutung *liegen*. Sehen Sie vor Ihrem geistigen Auge, wie eine Kuh auf einer Bahre liegt. Merken Sie sich dieses Bild, so werden Sie die Bedeutung des Wortes *cubare* so schnell nicht wieder vergessen.

Übung 8: Lernen Sie die folgenden Vokabeln nach dem beschriebenen Schema.

flash (engl.)	–	Blitz
brick (engl.)	–	Ziegel
retard (franz.)	–	Verspätung
glisser (franz.)	–	ausrutschen
turba (lat.)	–	Gedränge, große Menschenmenge
servus (lat.)	–	Sklave

CHECKLISTE: VOKABELN LERNEN

- **Sprechen Sie die Vokabeln zunächst deutsch aus.**
- **Leiten Sie deutsche Wörter ab.**
- **Stellen Sie sich die deutschen Wörter bildlich vor.**
- **Verbinden Sie die Bilder mit der Wortbedeutung.**

2

b) klangähnliche Wörter suchen: Oft kann man sich Vokabeln besonders gut über ihren Klang merken, zum Beispiel bei Worten wie *lamp* und *Lampe*. Hier klingt das fremdsprachige Wort fast genauso wie seine deutsche Übersetzung. In anderen Fällen ist mehr Fantasie gefragt.

So klingt das englische Verb *to elevate (erheben, erhöhen, hochheben)* ähnlich wie das deutsche Wort *Elefant*. Stellen Sie sich nun einen Elefanten vor, der mit seinem Rüssel einen Zweig hochhebt, und schon haben Sie eine Eselsbrücke geschaffen.

Sie müssen sich nur noch die Verbindung von *elevate – Elefant – Rüssel hochheben* einprägen – und schon haben Sie gute Chancen, die ursprüngliche Bedeutung der Vokabel für immer zu behalten.

Vokabeln wiederholen

Lernen Sie Vokabeln nicht nur vor den Klassenarbeiten. Wiederholen Sie sie stattdessen regelmäßig. Zum Beispiel mithilfe einer Lernkartei.

2.6 WIEDERHOLEN MIT LERNKARTEIEN

Unser Gedächtnis funktioniert leider nicht wie ein Fotoapparat, der Eindrücke für ewige Zeiten auf einem Bild festhält, denn nur die wenigsten Menschen besitzen ein fotografisches Gedächtnis, welches das Lernen enorm erleichtern könnte. Im Gegenteil: Begriffe, Zahlen und Zusammenhänge, die wir mühselig gelernt haben, sind uns oft schon wenige Tage später wieder entfallen.

Daher sollten Sie sich angewöhnen, wichtige Lerninhalte regelmäßig zu wiederholen, um Sie langfristig im Gedächtnis zu speichern. So können Sie sich diese für immer einprägen. Dabei kann zum Beispiel eine persönliche Lernkartei sehr nützlich sein. Mit ihr ist es möglich, Vokabeln, Fachbegriffe oder die wichtigsten Punkte eines Themas so lange zu wiederholen, bis man sie zuverlässig beherrscht.

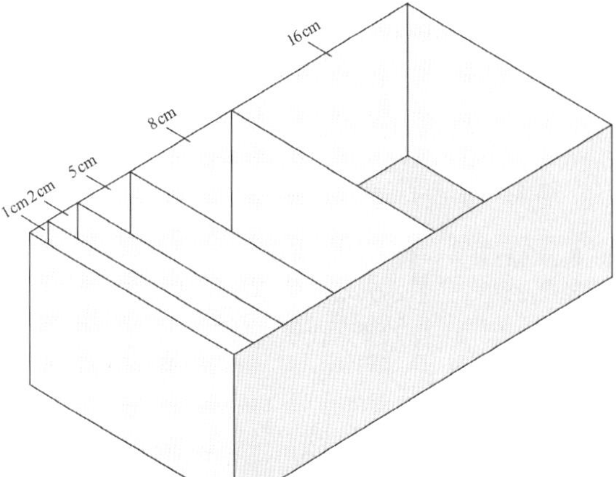

2

Lernkarteien bauen

Eine Lernkartei besteht aus einer länglichen Kiste aus Pappe oder festem Papier mit fünf Fächern, in denen Karteikarten stecken. Mit wenigen Mitteln und geringem Zusatzaufwand zu Ihrer eigentlichen Lerntätigkeit können Sie sich Ihre Lernkartei selber bauen.

Kaufen Sie sich in einem Schreibwarenladen eine Kiste, die ungefähr 30 cm lang und 8 cm breit ist. Sie können auch eine alte Pappschachtel oder einen stabilen Schuhkarton mit einem ähnlichen Format benutzen.
Schneiden Sie aus fester Pappe vier Trennwände und kleben Sie diese im Inneren Ihrer Kiste fest. Achten Sie darauf, dass die Fächer der Lernkartei unterschiedlich breit sind. Sie sollten vom ersten bis zum fünften Fach immer breiter werden, da Sie sich im Laufe der Zeit immer mehr Lernstoff eingeprägt haben und die Karten weiterwandern werden. Bewährt hat sich die folgende Einteilung:

- Fach 1: 1 cm
- Fach 2: 2 cm
- Fach 3: 5 cm
- Fach 4: 8 cm
- Fach 5: 16 cm

Basteln Sie sich jetzt Karteikarten, die in den Kasten passen. Sie können Karteikarten im Schreibwarenladen kaufen oder eigene Karten aus fester Pappe ausschneiden.

Karteikarten beschriften

Ist der Karteikasten fertig, so fängt die eigentliche Arbeit erst an. Schreiben Sie zunächst alles, was Sie lernen möchten, auf die Karteikarten. Dabei reduzieren Sie den Lernstoff auf Schlagwörter oder kurze Sätze, sodass jeder Punkt auf eine Karte passt und Sie sich ein Überblickswissen des Lernstoffs aneignen.

Auf die Vorderseite der Karteikarte kommt die Frage, auf die Rückseite die Antwort. Bei einem Karteikasten für Vokabeln schreibt man das fremdsprachige Wort auf die Vorderseite, die Übersetzung auf die Rückseite.

TIPP

Achten Sie darauf, dass Sie keine Rechtschreibfehler einbauen und diese dann mitlernen. Am besten lernen Sie in einem Zweierteam. Dann können Sie sich gegenseitig abhören und mögliche Fehler korrigieren.

Funktionsweise

Sie lernen mit den Karteikarten, indem Sie

- je eine Karte nehmen,
- die Frage in Ruhe lesen,
- die Antwort überlegen,
- den Zettel drehen und die Antwort überprüfen,
- den Zettel ablegen.

2

Das Fächersystem

Alle neuen Kärtchen kommen in das erste Fach. Dieses Fach gehen Sie täglich (und wirklich täglich) durch. Wenn Sie eine Frage aus Fach 1 richtig beantworten, wandert sie in das zweite Fach. Beantworten Sie die Frage falsch, so stecken Sie sie in das erste Fach zurück.

Wenn Sie sich eine Karte aus Fach 2 vornehmen, gehen Sie nach dem bereits bekannten Schema vor: Finden Sie die richtige Antwort, dann können Sie die Karte in Fach 3 stecken, wissen Sie die Antwort nicht, so wandert die Karte zurück in das erste Fach.

Das erste Fach mit den neuen Themen wiederholen Sie täglich, damit Sie sich diese besonders gut einprägen. Alle anderen Fächer bearbeiten Sie erst dann, wenn sie voll sind. Da die Fächer immer breiter werden, wiederholen Sie den Stoff in immer größeren Abständen. Sie gehen die Themen also dann noch einmal durch, wenn Sie Gefahr laufen, sie zu vergessen.

▸TIPP

Eine spielerische Alternative zur Lernkartei stellt das folgende Kartenspiel dar. Sie verteilen alle Vokabelkarten aus Ihrer Lernkartei auf einem Tisch oder auf dem Fußboden. Je nachdem, wie Sie die Vokabeln lernen möchten, legen Sie die deutschen oder die fremdsprachigen Wörter nach oben.
Anschließend suchen Sie sich eine Karte aus, heben Sie auf, sagen

die Übersetzung und drehen die Karte um. War die Antwort richtig, so können Sie das Vokabelkärtchen zur Seite legen, war sie falsch, wandert die Karte wieder zurück ins Spiel.

Die Vorteile einer Lernkartei

- Sie wiederholen den Stoff so oft wie nötig. Vokabeln, die Sie sich gut merken können, werden problemlos durch die Lernkartei wandern. „Problemfälle" bleiben länger hängen, werden sich aber allmählich einprägen, wenn Sie sie regelmäßig üben.
- Sie können die Lerngeschwindigkeit selbst bestimmen.
- Selbst wenn Sie für einige Tage eine Lernpause einlegen, können Sie anschließend sofort wieder einsteigen, denn das gesammelte Prüfungswissen bleibt im Zettelkasten in der Reihenfolge geordnet, in der Sie es wiederholen müssen.

Der Lernautomat

Neben dem üblichen Karteikasten können Sie sich auch eine Art Lernmaschine basteln, mit der Sie Ihren täglichen Lernerfolg sehr gut kontrollieren können und die nur wenig zusätzlichen Aufwand und Geld kostet.

Für Ihren Lernautomaten benötigen Sie:

- drei verschiedenfarbige (blau, gelb, grün) DIN-A3-Bögen aus Zeichenkarton,

- Schere,
- Klebstoff,
- Bleistift und Lineal.

Bauen Sie sich nun drei verschieden große Kästen. In den kleinsten Kasten (blau) sollten ungefähr 50 Karteikarten der Größe DIN A8 passen. Der mittlere Kasten (gelb) sollte 100 und der große Kasten (grün) 200 Karten fassen. Nummerieren Sie die Kästen der Größe nach durch. Diese Nummerierung wird später beim Lernen Ihren Lernstufen entsprechen.

Beginnen Sie nun mehrere Karteikarten zu Ihrem Lernthema zu erstellen und überlegen Sie sich einen genauen Zeitplan. Legen Sie dann eine Portion an Karten in den ersten, den blauen Kasten und wiederholen Sie diese über einen längeren Zeitraum.
Wenn Sie sich alle eingeprägt haben, wandern die Karten in den nächsten, den gelben Kasten und Sie beginnen mit einer neuen Portion im blauen Kasten.

Diesen Vorgang wiederholen Sie, bis das gelbe Fach ausgefüllt ist. Nun nehmen Sie sich die Karten des gelben Kastens erneut vor und stecken alle Karten, die Sie noch beantworten können, in den grünen Kasten.

Alle Karten, die Sie nicht mehr beantworten können, wandern wieder zurück in den blauen Kasten, wo Sie den Wanderungsprozess von neuem beginnen.

Behalten Sie dabei immer die Ihnen zur Verfügung stehende Zeit im Blick. Es ist von Vorteil, wenn Sie, nachdem die Karten im grünen Kasten angekommen sind, alle noch einmal wiederholen und somit die Lernmaschine ein zweites Mal starten.

CHECKLISTE: BESSER LERNEN

- **Gehen Sie neugierig und aktiv an den Stoff heran.**
- **Schalten Sie beim Lernen alle Sinne ein.**
- **Knüpfen Sie an vorhandenes Wissen an.**
- **Teilen Sie den Stoff in Portionen ein.**
- **Frischen Sie Ihr Wissen regelmäßig auf.**
- **Lesen Sie Texte in 5 Schritten (Überfliegen, Fragen stellen, gründlich lesen, abschnittweise analysieren, Deutung formulieren).**
- **Merken Sie sich Abstraktes mit Geschichten (mit der Ketten-Technik oder der Bildergeschichten-Methode).**
- **Verknüpfen Sie Fakten und Zusammenhänge mit Orten, um sie besser zu behalten (Loci-Methode).**
- **Lernen Sie Vokabeln portionsweise und mit allen Sinnen (über Bilder und Klänge).**
- **Nutzen Sie Karteikästen, um den Prüfungsstoff regelmäßig zu wiederholen und einen besseren Überblick über das bereits Gelernte zu behalten.**
- **Eine spielerische Alternative zur Lernkartei ist das folgende Kartenspiel: Verteilen Sie alle Vokabelkarten auf einem Tisch. Ziehen Sie nacheinander die Karten und decken Sie die Lösung immer erst auf, wenn Sie das Wort genannt haben.**

3 SCHRIFTLICHE PRÜFUNGEN

3.1 GUT VORBEREITET IN DIE PRÜFUNG

Viele Schüler bereiten sich zwar gewissenhaft auf eine bevorstehende Prüfung vor und wissen viel, können Ihre Kenntnisse aber in einer schriftlichen Prüfung nicht – oder nur teilweise – anwenden. Das liegt häufig daran, dass sie auf bestimmte Aufgabenstellungen nicht vorbereitet sind.

Anforderungen klären

Damit Sie in der Klassenarbeit keine bösen Überraschungen erleben, sollten Sie frühzeitig herausfinden, welche Aufgabentypen in der Prüfung vorkommen. Schließlich hängt beispielsweise Ihre Vorbereitung im Fach Deutsch unter anderem davon ab, ob Sie eine Erzählung zusammenfassen, interpretieren oder kreativ umschreiben sollen.

Vergessen Sie auf keinen Fall, sich genauestens über den Umfang der Prüfung zu informieren. Erfragen Sie, wie viele Aufgaben in etwa gestellt werden und wie viel Zeit Ihnen demnach für die einzelnen Aufgaben zur Verfügung steht.

> **TIPP**
>
> Falls sich die Lehrkraft nicht zu dem Umfang und der Art der Aufgaben äußern möchte, sollten Sie vorsichtshalber möglichst breit gefächert lernen. Sehen Sie sich Ihre Mitschriften und Hausaufgaben durch. Überprüfen Sie, welche Aufgaben Ihr Lehrer in der Zeit seit der letzten Klassenarbeit gestellt hat und üben Sie diese. Beziehen Sie die Aufgabenstellung auch auf andere Themen.

Typische Prüfungsaufgaben

In schriftlichen Prüfungen müssen Sie meist ganz bestimmte Typen von Aufgaben bewältigen. Im Folgenden erhalten Sie einen Überblick über die Einteilung der unterschiedlichen Aufgabentypen.

a) logische Aufgaben (Rechnen & Co.)

In naturwissenschaftlichen Fächern wie Mathematik müssen Sie überwiegend logische Aufgaben lösen. Sie sollen zeigen, dass Sie bestimmte Lösungswege kennen und dieses Wissen auch anwenden können.

Gehen Sie beim Lernen wie folgt vor:
Lassen Sie sich die Lösungswege von Ihrem Lehrer oder von Mitschülern erklären. Fragen Sie so lange nach, bis Sie das Prinzip vollkommen verstanden haben. Notieren Sie sich anschließend die Lösungsschritte und hängen Sie sich den Zettel über Ihren Schreibtisch. Üben Sie mehrere ähnliche Aufgaben, um den einen Lösungsweg nicht nur auswendig zu lernen, sondern auf andere Aufgaben übertragen zu können.

▸TIPP

Scheuen Sie sich nicht vor häufigem Nachfragen, denn früh genug sitzen Sie allein zu Hause beim Üben und haben meist niemanden mehr an der Seite, der Ihnen helfen kann.
Trainieren Sie das Lösungsschema anschließend an mehreren Beispielen. Wählen Sie zunächst einfache Aufgaben und arbeiten Sie sich allmählich bis zu den schwereren vor.

b) Wissensfragen

Ein beliebter Aufgabentyp in schriftlichen Prüfungen sind Wissensfragen wie diese: ***Wann*** *fand die Französische Revolution statt und* ***wie*** *wirkte sie sich auf das politische System Frankreichs aus?*

Bei diesem Aufgabentyp geht es darum, Fakten und Zusammenhänge möglichst konkret darzustellen.

Zunächst müssen Sie herausfinden, worauf die Frage abzielt, worin Ihre Aufgabe also genau besteht. Sollen Sie den Zeitpunkt eines Geschehens nennen (**wann**) oder Gründe beschreiben (**warum**)? Müssen Sie erklären, **was** geschah oder **wie** es passierte? Die so genannten *W-Wörter* geben meist eindeutige Hinweise auf Ihre Aufgabe.

Wissensfragen werden in Prüfungen häufig in Form von Arbeitsaufträgen formuliert. So kann die Frage *Wie veränderte die Revolution das politische System?* auch in Form einer Aufgabe gestellt werden: *Die Revolution veränderte das politische System. Beschreiben Sie diese Veränderungen.*

TIPP

Achten Sie in diesem Fall auf die Art des Arbeitsauftrages. Werden Sie zum Beispiel aufgefordert, Zusammenhänge zu beschreiben oder sollen Sie lediglich Jahreszahlen nennen?

Haben Sie erkannt, worauf der Arbeitsauftrag beziehungsweise die Frage abzielt, können Sie Ideen für Ihre Antwort sammeln. Schreiben Sie zunächst alles, was Ihnen einfällt, in Stichworten auf ein Blatt Papier und ordnen Sie dann die einzelnen Punkte.

Überlegen Sie sich anschließend, in welcher Reihenfolge Sie die verschiedenen Aspekte des Themas beschreiben möchten. Mithilfe dieser Gliederung können Sie Ihre Antwort formulieren. Lesen Sie dazu auch das Kapitel 3.3 *Texte sinnvoll gliedern*.

c) eigene Gedanken formulieren

In vielen Prüfungen müssen Sie nicht nur Wissen wiedergeben, sondern eigene Gedanken formulieren, wie etwa Zusammenhänge interpretieren oder Figuren charakterisieren. Noch mehr Fantasie erfordern kreative Texte, wie zum Beispiel Erzählungen. Wie Sie diese Textformen trainieren können, erfahren Sie in den Kapiteln 3.3 bis 3.6.

Aufgabentypen üben

Fachwissen allein reicht nicht aus. Trainieren Sie auch die Aufgabentypen und Textformen, mit denen Sie sich in der Prüfung beschäftigen müssen. Achten Sie darauf, wie viel Zeit Sie für die einzelnen Aufgaben benötigen. Auf diese Weise entwickeln Sie ein Zeitgefühl für Ihre eigene Arbeit. Das hilft Ihnen in der Prüfung, sich die kostbaren Minuten besser einzuteilen.

Verschiedene schriftliche Prüfungstypen
Sicher haben Sie in Ihrem Schulalltag schon Erfahrungen mit den unterschiedlichsten Arten von Prüfungen gesammelt. Dabei haben Sie vielleicht herausgefunden, dass Ihnen die Faktenprüfungen besser liegen als die Transferprüfungen oder umgekehrt.

Im Folgenden werden diese beiden Prüfungstypen genauer betrachtet, damit Sie bei der nächsten anstehenden schriftlichen Prüfung Ihre Herangehensweise optimieren können und bestmöglich auf die bevorstehenden Aufgaben vorbereitet sind.

a) Faktenprüfung
Dieser Prüfungstyp wird von vielen Lehrern und wohl auch von den meisten Schülern bevorzugt. Der Lehrer erleichtert sich damit das Korrigieren und der Schüler kann den Lernstoff größtenteils auswendig lernen, ohne sich in den Gesamtzusammenhang hineindenken zu müssen.

Beispiele für Faktenprüfungen
- Einfache Lückentexte
- Multiple-Choice-Prüfungen
- Vokabeltests
- Abfrage bestimmter Definitionen

Das bringt jedoch auch einen entscheidenden Nachteil mit sich. Zwar haben Sie, kurzfristig gesehen, einen geringeren Lernaufwand, doch leider wird Ihnen das Gelernte nicht allzu lang in Erinnerung bleiben. Denken Sie an eine eventuell später folgende komplexere Prüfung, in der dieses Thema wieder aufgegriffen wird – wahrscheinlich müssen Sie dann von neuem lernen oder das Gelernte wieder auffrischen. Alles in allem machen Sie sich auf diese Weise die doppelte Arbeit.

TIPP

Lernen Sie nicht stur auswendig – das verspricht nur kurzfristigen Lernerfolg. Versuchen Sie den Lernstoff in einen Zusammenhang zu stellen, auch wenn in nächster Zeit nur eine Faktenprüfung ansteht.

CHECKLISTE: FAKTENPRÜFUNG

Steht eine Faktenprüfung an, sollten Sie die folgenden Punkte beachten:

- **Gehen Sie alle themenspezifischen Unterlagen nochmals durch.**
- **Überlegen Sie sich, welche Aufgaben in der Prüfung gestellt werden. Müssen Sie Definitionen lernen, Grafiken oder Diagramme aufzeichnen und erklären oder die richtige Antwort von drei möglichen wissen?**
- **Überlegen Sie sich mögliche Prüfungsfragen und versuchen Sie diese zu lösen.**

Falls Sie sich einige Fakten überhaupt nicht merken können, sollten Sie unbedingt einen „Spickzettel" schreiben, den Sie jedoch unter gar keinen Umständen während der Prüfung benutzen. Probieren Sie es aus. Garantiert können Sie sich an das Notierte sofort – ohne jegliche Hilfsmittel – erinnern. Diese

Methode funktioniert allerdings nur dann, wenn Sie maximal zwei „Spickzettel“ anfertigen. Zu viel Lernstoff wird Ihr Kurzzeitgedächtnis überfordern.

Wissenschaftliche Untersuchungen zu diesem Phänomen belegen, dass die Informationen, die auf einem Spickzettel notiert werden, dabei zu über 50 Prozent gelernt werden.

b) Transferprüfung

In der Transferprüfung ist all das gefordert, was auch in der Berufswelt sowie im Studium am stärksten zählt: Regeln müssen an konkreten Beispielen angewendet, Zusammenhänge erkannt und neue Schlüsse gezogen werden. Zu diesen Zwecken ist es oft hilfreich, wenn man Wissen aus verschiedenen Disziplinen und Fachbereichen zusammenfließen lässt.

Dieser Prüfungstyp ist sehr viel komplexer als die Faktenprüfung. Hier sollen bekannte und gelernte Informationen auf eine umfassende Fragestellung angewendet werden. Oft entstammt die betreffende Angabe der tatsächlichen Berufs- und Lebenswelt, wenn etwa Grafiken eines Zeitschriftenartikels ausgewertet werden sollen.

▸ **TIPP**

Versuchen Sie den Lernstoff vollständig zu verstehen – beseitigen Sie alle Unklarheiten, denn nur dann wird es Ihnen möglich sein, das Gelernte zu transferieren (übertragen).

Beispiele für Transferprüfungen

- Interpretationen
- Aufsätze
- Mathematikprüfungen
- Berichte
- Auswertung von Grafiken, Tabellen und Quellentexten

Falls Sie bisher geglaubt haben, dass man sich auf eine Textinterpretation oder einen Aufsatz kaum vorbereiten kann, sollten Sie diese Haltung schleunigst aufgeben. Die Vorbereitung auf eine Transferprüfung nimmt sogar sehr viel mehr Zeit in Anspruch als die Vorbereitung auf eine Faktenprüfung. Schätzen Sie zunächst ein, wie viel Zeit Sie benötigen werden und machen Sie sich danach einen realistischen Zeitplan.

TIPP

Nehmen Sie sich genügend Zeit für die Vorbereitung einer Transferprüfung. Denken Sie in Ruhe über das Thema nach, überlegen Sie, welchen praktischen Bezug es gibt und ob Sie in der Lage sind, dem Thema eventuell neue Aspekte hinzuzufügen.

Das folgende Beispiel zur Vorbereitung auf eine Textinterpretation soll Ihnen zeigen, wie man sich auf eine Transferprüfung vorbereiten kann. Die angesprochenen Punkte können Sie dabei auch auf die Vorbereitung anderer Transferprüfungen, wie z. B. Geschichtsprüfungen, anwenden. Beachten Sie, dass die aufgeführten Punkte nur als Vorschläge zu verstehen sind.

- Erarbeiten Sie sich zuerst die Textsorte, um die es sich bei Ihrer Textinterpretation handeln wird. Prägen Sie sich die theoretischen Fakten gut ein. Fragen Sie sich beispielsweise: *Woran erkenne ich eine Kurzgeschichte?*

- Überlegen Sie nun, wann dieser Text entstanden sein kann. Ordnen Sie dem Text dann die spezifischen Epochenmerkmale zu.

- Erstellen Sie sich eine Übersicht über die Epoche und überlegen Sie sich verschiedene Ansatzpunkte, die Sie ausreichend begründen könnten.

- Verdeutlichen Sie sich Zusammenhänge.

- Überlegen Sie sich bereits im Voraus eine übersichtliche und logische Gliederung für Ihre Interpretation.

- Versuchen Sie auch einen Bezug zu anderen Epochen herzustellen. Vielleicht können Sie zwei Epochen miteinander vergleichen.

- Was wissen Sie über den Autor (Lebenssituation, politische Einstellung usw.)?

- Legen Sie Themenschwerpunkte fest (wichtige Merkmale der Epoche, Bezug zum Autor, Vergleich mit anderen Epochen usw.).

- Simulieren Sie eine Prüfungssituation unter realistischen Prüfungsbedingungen und schreiben Sie eine Textinterpretation. Halten Sie sich exakt an die zeitlichen Vorgaben, die Sie auch in Ihrer Prüfung erwarten. Schaffen Sie eine authentische Prüfungsatmosphäre: Benutzen Sie keinerlei Hilfsmittel. Unterbinden Sie störende Geräusche, wie das Telefon oder störende Gespräche (Eltern, Mitbewohner usw.).

- Falls Sie den Bewertungsmaßstab für Ihre Prüfung kennen, können Sie Ihre Probe-Textinterpretation danach korrigieren.

CHECKLISTE: TRANSFERPRÜFUNGEN

Falls Ihre nächste Prüfung eine Transferprüfung sein wird, können die folgenden Punkte bei der Vorbereitung hilfreich sein:

- **Verknüpfen Sie das Wissen zu Ihrem Lernthema mit Ihrem Wissen aus verschiedenen anderen Disziplinen und versuchen Sie einen praktischen Bezug herzustellen.**
- **Schreiben Sie sich alle Fakten, die Ihnen unklar sind, auf und informieren Sie sich dazu nochmals eingehend, um alle Unklarheiten zu beseitigen.**
- **Planen Sie genügend Zeit (mindestens 2 Wochen) für die Vorbereitung auf eine Transferprüfung ein.**
- **Überlegen Sie, ob Sie dem Thema neue Aspekte hinzufügen können. Übernehmen Sie keine Informationen unreflektiert.**

3

Probeklausuren

Schreiben Sie einige Tage vor der Prüfung eine Probeklausur unter realistischen Bedingungen. Stellen Sie sich Aufgaben, die aus Ihrer Sicht in der Klausur vorkommen könnten.

Nehmen Sie sich für Ihre Probeklausur genau die Zeit, die Sie auch in der realen Klausur zur Verfügung haben. Räumen Sie Lernmaterialien und Spickzettel beiseite, legen Sie eine Uhr vor sich auf den Schreibtisch und schreiben Sie los.

Nach Ablauf des vorgegebenen Limits kontrollieren Sie zunächst, wie gut Sie mit Ihrer Zeit ausgekommen sind. Mit welchen Aufgaben haben Sie sich zu lange aufgehalten, welche haben Sie allzu schnell abgehandelt?

Lassen Sie Ihre Klausur zunächst einen Tag liegen. Lesen Sie die Arbeit am nächsten Tag noch einmal durch und hinterfragen Sie kritisch, was Sie beim nächsten Mal noch besser machen könnten.
Wenn Sie feststellen, dass Sie bei bestimmten Aufgaben noch Probleme haben, sollten Sie sich diese noch einmal genauer ansehen.

Gemeinsam lernen

Schreiben Sie Probeklausuren möglichst zusammen mit einem Mitschüler. Auf diese Weise können Sie sich gegenseitig Prüfungsfragen stellen und Ihre Arbeiten im Anschluss wechselseitig korrigieren. Achten Sie beim Korrigieren auf alle möglichen Arten von Fehlern, also neben dem Inhalt auch auf Ausdruck und Rechtschreibung.

Erklären Sie Ihrem Lernpartner, was Ihnen an seiner Arbeit bereits sehr gut gefällt und was er noch besser machen könnte. Begründen Sie Ihre Meinung ausreichend und achten Sie darauf, dass Sie nicht nur Kritik üben, sondern auch Positives nennen und ihn loben.

CHECKLISTE: OPTIMAL VORBEREITEN

- **Klären Sie, welche Aufgabentypen in der Prüfung vorkommen und trainieren Sie diese.**
- **Kontrollieren Sie, wie viel Zeit Sie für die Lösung bestimmter Aufgaben benötigen. Entwickeln Sie ein Zeitgefühl für Ihre Arbeit.**
- **Schreiben Sie einige Tage vor der Prüfung eine Probeklausur. Hinterfragen Sie kritisch, was Sie noch verbessern können.**
- **Verschaffen Sie sich einen Überblick über einzelne Prüfungstypen und überlegen Sie, welche Prüfungen in Ihrem Lernfach von dem jeweiligen Lehrer bevorzugt verwendet werden. Üben Sie diesen Prüfungstyp besonders intensiv, behalten Sie aber auch weitere im Blick**

Verhalten vor und während der Prüfung

Stimmen Sie sich positiv auf eine Klassenarbeit ein. Sagen Sie sich vorher in Gedanken: *Ich bin gut vorbereitet und schaffe das!* Lassen Sie sich nicht von nervösen Mitschülern verrückt machen.

3

Lesen Sie sich die Aufgabenstellung bzw. die Fragen gründlich durch. Teilen Sie sich anschließend Ihre Zeit ein. Überschlagen Sie kurz, wie viel Zeit Sie für die einzelnen Aufgaben verwenden können. Planen Sie fünf bis zehn Minuten Zeit für eine Schlusskorrektur ein.

▸TIPP

Lösen Sie die leichten Aufgaben zuerst. Auf diese Weise schaffen Sie sich direkt zu Beginn der Klausur Erfolgserlebnisse.

Müssen Sie bei einer Aufgabe einen Text schreiben, ordnen Sie zunächst Ihre Gedanken. Notieren Sie Ihre Ideen in Stichworten auf ein Extra-Blatt und entwickeln Sie eine Gliederung. Fangen Sie erst dann an zu schreiben.
Behalten Sie Ihre Gliederung und die Aufgabenstellung immer im Blick. Schweifen Sie nicht ab. Lassen Sie nach jeder Aufgabe genügend Platz, damit Sie zur Not später noch etwas hinzufügen können.

▸TIPP

Nutzen Sie die Zeit, die Ihnen zur Verfügung steht, voll aus. Geben Sie Ihre Arbeit auf keinen Fall früher ab, als Sie müssen. Vielleicht fallen Ihnen die fehlenden Details ja plötzlich noch ein.

Teilen Sie sich die Zeit so ein, dass Sie Ihre Arbeit am Ende noch einmal gründlich durchlesen können. Achten Sie dabei auf den Inhalt, aber auch auf Rechtschreibung und Zeichensetzung.

3.2 BESSER FORMULIEREN

Sie finden häufig nicht die richtigen Worte, um komplizierte Sachverhalte unmissverständlich darzustellen? Deutsch war eigentlich noch nie Ihre Stärke? Dann sollten Sie jetzt anfangen, an Ihren schriftlichen Fähigkeiten zu feilen. Ein paar einfache Regeln helfen Ihnen dabei, Zusammenhänge so zu beschreiben, dass andere Sie verstehen.

Keine Schachtelsätze

Vermeiden Sie komplizierte Schachtelsätze, die Ihre Leser nur mühsam durchschauen können. Hier ein Negativ-Beispiel:

Ein Freund, den ich im vergangenen Urlaub in der Jugendherberge kennen gelernt habe, hat mich gestern angerufen und mir gesagt, dass er mich besuchen würde, wenn ich Zeit hätte.

Bilden Sie statt dieses endlos langen Schachtelsatzes lieber mehrere kürzere Sätze:

Gestern hat mich ein Freund angerufen. Ich habe ihn im vergangenen Urlaub in der Jugendherberge kennen gelernt. Er würde mich besuchen, wenn ich Zeit hätte.

Hauptsachen gehören in Hauptsätze

Verstecken Sie wichtige Informationen nicht in Nebensätzen. Ein Negativbeispiel:

Christian fährt gerade ins Krankenhaus, weil Carina einen schweren Autounfall hatte und auf der Intensivstation liegt.

Dass Carina einen schweren Autounfall hatte, geht in diesem Satz völlig unter. Diese Information gehört in den Hauptsatz:
Carina hatte einen schweren Autounfall und liegt auf der Intensivstation. Deshalb fährt Christian gerade ins Krankenhaus.

Verbinden Sie kürzere Sätze möglichst durch sinnvolle Konjunktionen, wie *obwohl, dennoch, trotzdem, weil* usw., anderenfalls wirkt Ihr Text abgehackt und wenig flüssig.

Aktiv statt Passiv
Formulieren Sie Ihre Sätze möglichst im Aktiv. Schreiben Sie also nicht: *Die Klassenarbeit wurde ausgeteilt,* sondern: *Der Lehrer teilte die Klassenarbeit aus.*

Aktive Sätze klingen nämlich lebendiger als passive. Sie benennen außerdem die handelnde Person. Das kann für das Verständnis eines Textes enorm wichtig sein.
Im folgenden Beispiel sieht man, dass wichtige Informationen verloren gehen können, wenn man bestimmte Sachverhalte passivisch formuliert:

Die Regierung ist gestürzt worden. Der König wurde verbannt. Anschließend hat sich eine neue Regierung gebildet.

Aus diesen Formulierungen geht nicht hervor, **wer** die alte Regierung gestürzt und **wer** den König verbannt hat. Diese Information ist jedoch wichtig, um die historischen Zusammenhänge zu verstehen.

Übung 9: Wandeln Sie die folgenden Passivsätze ins Aktiv ım. Überlegen Sie dabei jeweils, wer das handelnde Subjekt ein könnte. Die Lösung finden Sie im Anhang.

. Die Maschine wurde von dem Mechaniker gereinigt.
. Die Prüfungsblätter wurden verteilt. Anschließend wurde die Klassenarbeit geschrieben.
. Die Wälder wurden schon vor Jahren von den Bauern abgeholzt.

assiv

latürlich gibt es Situationen, in denen es sinnvoll ist, Pasivsätze zu bilden. Zum Beispiel dann, wenn die handelnde erson ohne Bedeutung für die Information ist, die Sie geen möchten: *Das Museum wird um 18 Uhr geschlossen.* n diesem Fall ist es völlig unerheblich, welcher Mitarbeiter as Gebäude abschließt. Der Leser interessiert sich lediglich ür den Zeitpunkt der Handlung.

assivkonstruktionen verwendet man auch dann, wenn man etonen möchte, dass jemandem etwas zugestoßen ist. Sie chreiben zum Beispiel: *Unser Briefträger wurde von einem und gebissen,* und nicht: *Ein Hund hat unseren Briefträger ebissen.*

inge beim Namen nennen

ut formulieren heißt, einfache und treffende Begriffe für die egenstände, die Sie beschreiben möchten, zu verwenden.

Nennen Sie die Dinge beim Namen. Schreiben Sie also *Köln* statt *eine Domstadt* und *Mutter* statt *ein Elternteil*. Verzichten Sie – so weit es geht – auf Fremdwörter.

> **▸TIPP**
>
> **Auch Fachbegriffe dürfen und sollen Sie in einer Prüfung verwenden. Setzen Sie diese jedoch nur ein, wenn Sie ihre Bedeutung wirklich kennen und das Wort tatsächlich in den Zusammenhang passt.**

In Klassenarbeiten wird es oft nicht gerne gesehen, wenn Sie fremdsprachliche Wörter wie *User* oder *Software* verwenden. Ersetzen Sie diese lieber durch die deutschen Begriffe *Nutzer* und *Programm*. Auch so kann Ihr Lehrer eindeutig verstehen, was Sie meinen. Wörter wie *E-Mail* oder *Internet*, für die es kein gebräuchliches deutsches Wort gibt, müssen Sie natürlich verwenden.

Vermeiden Sie unnötige Wortwiederholungen. Suchen Sie nach anderen Begriffen mit derselben oder einer ähnlichen Bedeutung. Ersetzen Sie zum Beispiel das Verb *sagen* durch sinnverwandte Wörter, wie *betonen, äußern, erklären, erwider* oder *kontern*.

Übung 10: Suchen Sie sinnverwandte Begriffe zu de folgenden Wörtern:

beschreiben, erkennen und *herstellen*.
Einen Lösungsvorschlag finden Sie im Anhang.

▶ TIPP

Nutzen Sie beim Schreiben ein so genanntes Synonymwörterbuch. Darin sind sinnverwandte Wörter aufgelistet.

Richtig zitieren

Sie können in Klassenarbeiten Zitate (wörtliche Äußerungen) anderer Personen, z. B. von berühmten Persönlichkeiten, verwenden, um Ihre eigenen Aussagen zu belegen oder auf den Punkt zu bringen.

Zitate können dazu beitragen, dass Ihr Text lebendiger und glaubwürdiger wirkt. In einer Klassenarbeit sollten Sie jedoch nur dann zitieren, wenn Sie

a) die Äußerungen (zum Beispiel einer Romanfigur) auswendig kennen,

b) mit Texten arbeiten dürfen, denen Sie Zitate entnehmen können.

Zitate gezielt einsetzen

Bevor Sie zitieren, sollten Sie sich überlegen, was Sie mit Ihrem Zitat erreichen möchten. Wollen Sie zum Beispiel eine Behauptung belegen oder ein Beispiel geben? Dann suchen Sie sich ein möglichst aussagekräftiges Zitat, das diesem Ziel entgegenkommt. Dabei müssen Sie das Zitat nachträglich nochmals erklären bzw. darlegen, warum gerade dieses Zitat in diesem Zusammenhang von Ihnen genannt wird.

3

Beispiel
Sie interpretieren eine Kurzgeschichte, die ein Mutter-Tochter-Verhältnis beschreibt. Ihre Interpretation soll zeigen, dass beide sich nicht verstehen. Neben Ihren eigenen Aussagen könnte das folgende Zitat der Tochter Ihre Deutung untermauern:

Karin und Anne verstehen sich nicht mehr. Anne beschreibt die Beziehung zu ihrer Mutter als „riesige Schweigemauer, die mitten im Raum steht" (S. 4, Z. 17).

Die Form des Zitats
Zitate sind Äußerungen anderer Personen, die Sie wortwörtlich wiedergeben müssen. Zitate können aus einzelnen Wörtern, Satzteilen oder mehreren Sätzen bestehen. Achten Sie jedoch darauf, dass die zitierte Passage nicht mehr als zwei bis drei Sätze umfasst. Ein Zitat sollte nur eine Kernaussage wiedergeben.

Setzen Sie Zitate in Anführungszeichen. Vergessen Sie nicht, die Namen der zitierten Personen zu nennen. Falls es für das Verständnis Ihres Textes wichtig ist, sollten Sie auch deren Position beschreiben.

Sie schreiben beispielsweise einen Bericht über die Arbeit einer Umweltschutzgruppe und zitieren den Gründer der Initiative. Seine Position ist für das Textverständnis wichtig und sollte genannt werden:

Die Initiative „Blühendes Band" hat sich einiges vorgenommen: „Wir möchten dazu beitragen, dass die Menschen wieder im Einklang mit der Natur leben", beschreibt Karl Jäger, ***der Gründer der Initiative****, die Ziele seiner Gruppe in einem Zeitungsinterview (Hinterburger Tagblatt, 2. November 2004, S. 5).*

Zitate zusammenfassen

Manchmal ist ein Zitat zu lang, um es wörtlich zu übernehmen. In diesem Fall können Sie es in indirekter Rede zusammenfassend wiedergeben.
Beachten Sie dabei, dass Sie den Konjunktiv verwenden und die Anführungszeichen weglassen.

▶TIPP

Vergessen Sie auch nicht anzugeben, woher das Zitat stammt. Wenn Sie aus einem Roman zitieren, geben sie beispielsweise Seite und Zeile an, bei einem Artikel das Medium, das Erscheinungsdatum und die Seitenzahl.

Auslassungen bei Zitaten

Möchten Sie Teile einer Äußerung weglassen, müssen Sie das im Text kennzeichnen. Solche Änderungen werden normalerweise durch drei Punkte markiert, die in eckige Klammern gesetzt werden:

„Wir möchten dazu beitragen, dass die Menschen wieder im Einklang mit der Natur leben. [...] Wir wollen die Natur als Lebensraum erhalten."

▸CHECKLISTE: BESSER FORMULIEREN

- **Keine Schachtelsätze: Verteilen Sie Informationen lieber auf mehrere kürzere Sätze.**
- **Hauptsachen in Hauptsätze: Verstecken Sie wichtige Informationen nicht in Nebensätzen.**
- **Aktiv statt Passiv: Aktivsätze klingen lebendiger und benennen die handelnde Person.**
- **Dinge beim Namen nennen: Drücken Sie sich nicht kompliziert aus, sondern treffend.**
- **Wortwiederholungen vermeiden: Ersetzen Sie mehrfach genannte Wörter lieber durch sinnverwandte Begriffe.**
- **Zitieren Sie – aber richtig: Wählen Sie aussagekräftige Zitate, beachten Sie die formalen Regeln des Zitierens.**
- **Verwenden Sie beim Zusammenfassen von bestimmten Zitaten die indirekte Rede.**

3.3 TEXTE SINNVOLL GLIEDERN

Haben Sie schon einmal in einer Klausur gesessen und nicht gewusst, wie Sie einsteigen sollen? Fällt es Ihnen manchmal schwer einen Text zu gliedern? Fallen Ihnen zwischendurch immer wieder Dinge ein, die Sie eigentlich schon am Anfang des Textes hätten einbauen müssen?

Wenn Sie mindestens eine dieser Fragen mit *Ja* beantworten können, sollten Sie sich die folgenden Absätze besonders gut einprägen. Danach werden Sie in der Lage sein, Ihre Texte sinnvoll zu gliedern.

Fragestellung beachten

In Prüfungssituationen sind die meisten Menschen nervös. Deshalb lesen sie sich hektisch die Fragen durch und versuchen, möglichst schnell Antworten aufs Papier zu bringen. Das führt manchmal dazu, dass sie die Fragen nur halb verstehen – oder sogar völlig falsch deuten. In der Folge verfehlen die Antworten das Thema oder sind schlecht aufgebaut.

Beschäftigen Sie sich zu Beginn der Prüfung lieber etwas länger mit den Fragen und Arbeitsaufträgen. Lesen Sie sich die Prüfungsfragen in Ruhe genau durch und überlegen Sie, in welcher Reihenfolge Sie welches Thema (oder welche Themenaspekte) behandeln.

Arbeitsaufträge richtig lesen

Achten Sie auf den Arbeitsauftrag. Werden Sie aufgefordert, etwas zu *beschreiben* oder *zusammenzufassen*, so müssen Sie Fakten wiedergeben. Sollen Sie *kommentieren*, ist Ihre Meinung gefragt. Sollen Sie *analysieren* oder *interpretieren*, müssen Sie Zusammenhänge deuten.

Stellen Sie sich einmal vor, Sie müssten in einer Biologieklausur die folgende Aufgabenstellung bearbeiten:

Beschreiben Sie, wie unser Gehirn neue Lerninhalte speichert. Welche Auswirkungen hat die Arbeitsweise des Gehirns auf die Lernfähigkeit des Menschen?

Bei dieser Aufgabe handelt es sich um eine Wissensfrage. Sie werden aufgefordert, Fakten und Zusammenhänge zu beschreiben. Beachten Sie, dass die Frage zweigeteilt ist. Sie sollen:

a) die Funktionsweise des Gehirns und

b) deren Auswirkungen auf die Lernfähigkeit des Menschen beschreiben.

Stichworte sammeln
Nachdem Sie Frage und Arbeitsauftrag gelesen haben, sollten Sie nicht sofort beginnen zu schreiben. Versuchen Sie zunächst, Ihre Gedanken zu ordnen, um ein Konzept zu erstellen. Notieren Sie Ihre Ideen in Stichworten auf einem separaten Blatt Papier.

Legen Sie anschließend die Reihenfolge fest, in der Sie die verschiedenen Informationen aufschreiben möchten. Schreiben Sie eine Gliederung. Nennen Sie dabei die wichtigsten Fakten immer zuerst und begründen Sie kurz, weshalb Ihnen diese besonders relevant erscheinen.

Antwort formulieren
Jetzt können Sie anfangen zu schreiben. Nennen Sie gleich im ersten Satz das Thema. Greifen Sie dabei zentrale Stichworte der Frage beziehungsweise der Aufgabenstellung auf. Das Beispiel zeigt, wie man auf die Frage eingehen kann:

Das Gehirn des Menschen speichert neue Informationen nach bestimmten Mustern. Diese haben Auswirkungen auf unsere Lernfähigkeit.

Beschreiben Sie im Anschluss an diese Einleitung, wie das menschliche Gehirn arbeitet. Behalten Sie dabei stets Ihre Gliederung im Auge und versuchen Sie, nicht vom eigentlichen (Ausgangs-)Thema abzukommen.

> **TIPP**
>
> **Planen Sie einen großzügigen Seitenrand ein. Zwischen Ihren Textzeilen können Sie ebenfalls eine Zeile frei lassen. Hier können Sie später noch weitere Informationen einfügen.**

Haben Sie auch immer die Aufgabenstellung im Blick. Sie sollen Fakten darstellen, also klammern Sie Ihre persönliche Meinung aus und wählen Sie einen sachlichen Ton. Stellen Sie sich vor, dass Sie für einen Leser schreiben, den Sie informieren müssen. Er soll die wichtigsten Tatsachen kennen, um sich selbst ein Urteil bilden zu können. Beenden Sie Ihren Text nicht abrupt.

Fassen Sie die wichtigsten Punkte am Ende noch einmal in einem kurzen Abschnitt zusammen. Versuchen Sie, die Ergebnisse in einem abschließenden Satz auf eine griffige Formel zu bringen:

Unser Gehirn hat fast unbegrenzte Speichermöglichkeiten. Wir müssen sie nur richtig nutzen.

CHECKLISTE: TEXTE SINNVOLL AUFBAUEN

- Lesen Sie sich Frage und Aufgabenstellung gründlich durch.
- Sammeln Sie Stichworte zum Thema.
- Schreiben Sie eine Gliederung. Ordnen Sie die Aspekte des Themas nach ihrer Bedeutung. Nennen Sie die wichtigsten Punkte zuerst.
- Nennen Sie in Ihrer Einleitung das Prüfungsthema. Greifen Sie dabei Stichworte der Fragestellung auf.
- Fassen Sie Ihre Ergebnisse am Ende kurz zusammen. Falls möglich, sollten Sie auch hier abschließend nochmals auf das Thema Ihrer Prüfung eingehen, um einen Bogen zu spannen.
- Behalten Sie beim Schreiben Ihre Gliederung im Auge, sodass Sie nicht vom Thema abkommen.
- Lassen Sie genug Platz für Informationen, die Sie nachträglich einfügen möchten.

3.4 INHALTSANGABEN SCHREIBEN

Sehr häufig werden Sie in Klassenarbeiten aufgefordert, einen Text zusammenzufassen. Deshalb bieten wir Ihnen einen kleinen Leitfaden für das Schreiben von Inhaltsangaben.

Inhaltsangaben sind knappe Zusammenfassungen von Texten, Hörspielen oder Filmen. In Inhaltsangaben werden die wichtigsten Fakten eines Textes genannt und in kurzen Sätzen näher beschrieben, ohne dass dabei die eigene, subjektive Haltung einfließt. Sie sollen dem Leser die Mühe ersparen, den Text selbst lesen zu müssen, informieren möglichst objektiv und enthalten keine persönlichen Bewertungen.

Sprache

Inhaltsangaben werden in der Gegenwartsform (Präsens) geschrieben. Möchten Sie ausdrücken, dass zwei Handlungen nacheinander liegen, wählen Sie für die weiter zurückliegende das Perfekt:

Klaus hat sein Brot aufgegessen, noch bevor die Schulstunde vorbei ist.

Der Tonfall einer Inhaltsangabe ist sachlich. Eigene Kommentare und Empfindungen gehören ebenso wenig in eine Inhaltsangabe wie ausschmückende Formulierungen. Fassen Sie den Text oder Film mit ihren eigenen Worten zusammen. Orientieren Sie sich nicht an der Sprache Ihrer Vorlage. Direkte wörtliche Rede geben Sie in indirekter Rede wieder:

In seiner Rede sagte Winston Churchill, Sport sei Mord.

Stellen Sie den Inhalt in der zeitlichen Reihenfolge des Geschehens dar; selbst dann, wenn der Erzähler zwischen verschiedenen Zeitebenen hin und her springt.

TIPP

Geben Sie die Fakten zu einem Text in einem sachlichen Ton wieder. Konzentrieren Sie sich dabei auf das Wesentliche und vermeiden Sie es, Ihre persönliche Meinung wiederzugeben.

3

Fiktionale und nichtfiktionale Texte

Inhaltsangaben fiktionaler Texte (wie Romane, Erzählungen oder Dramen) fassen die Handlung zusammen. Sie sollten die folgenden W-Fragen beantworten: *Wer macht was, wann, wo und warum?*
Inhaltsangaben nichtfiktionaler Texte (wie Zeitungsartikel oder Fachaufsätze) beschreiben den Zusammenhang zwischen bestimmten Fakten. Handelt es sich um einen meinungsbetonten Text, wie einen Kommentar, so beantwortet er die folgenden Fragen: *Welche Behauptung stellt der Autor auf? Wie begründet er diese Behauptung? Welche Beispiele nennt er? Welche Gegenargumente versucht er zu entkräften?*

Die einzelnen Arbeitsschritte einer Inhaltsangabe

- **Gründlich lesen:** Arbeiten Sie den Text zunächst mithilfe der 5-Schritt-Lesetechnik durch (vgl. Kapitel 2.2). Überlegen Sie sich dabei, welches Thema er behandelt und welche Kernaussage der Text hat. Markieren Sie wichtige Passagen und machen Sie sich Notizen am Seitenrand (oder auf einem separaten Blatt).

- **Text einteilen:** Teilen Sie den Text in Sinnabschnitte ein. Welche Handlungs- oder Gedankenschritte sind erkennbar? Finden Sie Überschriften für die Sinnabschnitte und schreiben Sie diese untereinander auf ein separates Blatt. Nutzen Sie diese Notizen als Gliederung für Ihre Inhaltsangabe.

- **Eine Einleitung verfassen:** Nennen Sie Titel, Autor, Textsorte (zum Beispiel Roman) und Thema (These, Kernaussage) des Textes. Die Einleitung sollte höchstens drei Sätze umfassen:

  In seinem Roman „1984“ beschreibt George Orwell ein Staatssystem, in dem alle Bürger überwacht und kontrolliert werden.

  In seinem Artikel „Zeitenwende“ vertritt Karl Schmitz die These, dass das Schulsystem in Deutschland reformiert werden muss.

- **Den Hauptteil verfassen:** Fassen Sie Handlung oder Gedankengang knapp zusammen. Erklären Sie, wie die Ereignisse der Handlung/die Gedanken des Autors aufeinander aufbauen.

- **Einen Schluss verfassen:** Eine Inhaltsangabe hat normalerweise keinen besonderen Schluss. Sie können jedoch in einem abschließenden Satz noch einmal die Kernaussage (das Thema) Ihres Textes beschreiben.

Übung 11: Trainieren Sie das Verfassen von Inhaltsangaben an einem konkreten Beispiel. Wählen Sie zunächst einen geeigneten Text aus, zum Beispiel eine Kurzgeschichte oder einen Zeitungsartikel. Fassen Sie dann den Inhalt knapp zusammen.

In der folgenden Checkliste können Sie noch einmal nachlesen, worauf Sie beim Schreiben im Einzelnen achten müssen.

▸ CHECKLISTE: INHALTSANGABE

- Wählen Sie die Gegenwartsform (Präsens) oder – wenn Sie Vorzeitigkeit (einer bestimmten Handlung) ausdrücken möchten – das Perfekt.
- Fassen Sie den Text kurz zusammen und arbeiten Sie dabei das Wesentliche möglichst objektiv heraus.
- Achten Sie darauf, dass Sie den Text in einem sachlichen Ton verfassen. Lassen Sie ihre persönliche Meinung weg und verzichten Sie auf blumige Ausschmückungen.
- Nennen Sie in Ihrer Einleitung Autor, Titel, Textsorte und Kernaussage (Thema).
- Fassen Sie im Hauptteil den Text möglichst kurz und genau zusammen.
- Arbeiten Sie dabei die Logik der Handlung/des Gedankengangs heraus.
- Geben Sie Textinhalte in der zeitlichen Reihenfolge des Geschehens wieder, nicht in der erzählten Reihenfolge.

3.5 INTERPRETIEREN UND CHARAKTERISIEREN

In einer Interpretation oder Analyse setzen Sie sich mit der Bedeutung eines Textes auseinander. Sie suchen nach einer Kernaussage, einer Botschaft. Wie Sie dabei vorgehen können, wird in diesem Kapitel am Beispiel von Erzähltexten (zum Beispiel Romanen oder Kurzgeschichten) gezeigt.

Nicht immer ist die Bedeutung eines fiktionalen Textes auf den ersten Blick erkennbar. Eine Kurzgeschichte kann zum Beispiel vordergründig den Alltag eines Jugendlichen schildern, im Grunde beschreibt sie jedoch, wie schwer es ist, erwachsen zu werden. Ihr eigentliches Thema ist also nicht *Alltag*, sondern *Erwachsenwerden*.

Fiktionale Texte lassen meist mehrere Deutungen der Handlung zu. Wenn Sie sie interpretieren, müssen Sie nach Ihrer persönlichen Deutung, das heißt Ihrer Lesart des Textes suchen.

Texte untersuchen

Um eine eigene Deutung entwickeln zu können, müssen Sie sich intensiv mit dem Text beschäftigen. Dabei sollten Sie folgende Aspekte näher untersuchen:

a) Handlung

Sie können sich der Textaussage zum Beispiel nähern, indem Sie die Handlung untersuchen. Lesen Sie dazu den Text mithilfe der 5-Schritt-Lesetechnik (vgl. Kapitel 2.2). Teilen Sie ihn in Sinnabschnitte ein.

Gibt es einen Höhepunkt, in dem sich ein Konflikt oder ein Problem zuspitzt? Beschreibt er eine kontinuierliche Entwicklung? Ist das Ende offen oder präsentiert der Text Lösungen, auf die Sie in Ihrer Interpretation näher eingehen könnten?

b) Lebensraum

Der Lebensraum der Figuren kann ebenfalls viel über das Thema aussagen. In welcher Zeit und an welchem Ort spielt der Text? Ist er aktuell oder bezieht er sich auf eine idealisierte Zukunft? In welchem Umfeld und welcher Atmosphäre bewegen sich die Figuren? Leben sie in einem Entwicklungsland oder einem Industriestaat, in der Stadt oder auf dem Land?

c) Figuren

Eine wahre Fundgrube für eine Interpretation sind die Figuren. Wie werden sie beschrieben, wie verhalten sie sich, was fühlen und denken sie? Welche Einstellungen vertreten sie und mit welchen Problemen haben sie zu kämpfen?
Die Charakterisierung der Figuren ist besonders wichtig und für Ihre Leser bzw. den Prüfer sehr aufschlussreich, da durch sie sichtbar wird, aus welcher Perspektive Sie die einzelnen Personen/Figuren betrachten. Wie Sie Figuren charakterisieren können, wird in diesem Kapitel noch ausführlich beschrieben.

d) Erzählperspektive

Die Perspektive, aus der erzählt wird, wirkt sich ebenfalls auf die Textaussage aus. Erzählt eine Figur, die an der Handlung beteiligt ist, oder wird das Geschehen aus der Sicht eines außenstehenden Erzählers geschildert, der die Handlung überblickt? Meldet sich der Erzähler im Text zu Wort und kommentiert die Handlung? Welche Meinungen vertritt er?

e) Sprache

Die Sprache sagt viel über die Bedeutung eines Textes aus. Ist der Ton lustig und leicht oder nüchtern und kompliziert? Gibt es verschiedene Sprachstile im Text? Wie sprechen die Figuren, wie der Erzähler? Und was sagt das über ihre Denkweise und Gefühlswelt aus?

Interpretationen schreiben

Jetzt können Sie beginnen, Ihre Ideen zu Papier zu bringen. Schreiben Sie Ihre Interpretationen im Präsens (Gegenwart). Halten Sie sich an das folgende Schema:

- **Einleitung:** Nennen Sie Titel, Autor und Textform (zum Beispiel *Erzählung*) und beschreiben Sie das Hauptthema des Textes. Formulieren Sie Ihre Deutung der Vorlage: *Der Roman „Karina" von Oswald Pelzer erzählt die Geschichte einer jungen Frau, die sich weigert, erwachsen zu werden.*

- **Hauptteil:** Belegen Sie Ihre Deutung, indem Sie den Roman genauer untersuchen, zum Beispiel seine Handlung, seine Sprache oder seine Figuren analysieren. Ordnen Sie die Themen nach Ihrer Bedeutung. Ist die Sprache aus Ihrer Sicht besonders wichtig für das Verständnis des Textes, so untersuchen Sie diese zuerst. Weniger wichtige Aspekte können folgen.
  Belegen Sie Ihre Untersuchung mit Beispielen aus dem Text. Nennen Sie die Stelle, an der die Handlung eine jähe

Wendung nimmt (mit Seiten- und Zeilenzahl). Zitieren Sie Passagen, die etwas Wichtiges über die Hauptfigur oder ihr Lebensumfeld aussagen.

- **Schluss:** Fassen Sie das Ergebnis Ihrer Untersuchung abschließend kurz zusammen. Ihr Schluss sollte höchstens drei Sätze lang sein:
  Eine Analyse der Figuren und der Handlung in Oswald Pelzers Roman „Carina" hat gezeigt, dass …

Übung 12: Suchen Sie sich einen Roman oder eine Kurzgeschichte aus und versuchen Sie, den Text nach den oben genannten Vorgaben zu interpretieren.

CHECKLISTE: INTERPRETATIONEN SCHREIBEN

- **Einleitung: Nennen Sie Titel, Autor und Textform. Beschreiben Sie, wie Sie den Text deuten. Was ist sein Thema, seine Botschaft?**
- **Hauptteil: Belegen Sie Ihre Deutung, indem Sie den Text näher untersuchen. Beschreiben Sie zum Beispiel Handlung, Lebensraum, Figuren, Erzählperspektive oder Sprache.**
- **Gliedern Sie die Themen Ihrer Interpretation nach ihrer Bedeutung. Nennen Sie die wichtigsten und die auffälligsten Eigenschaften des Textes zuerst.**
- **Belegen Sie Ihre Untersuchungen mit Textstellen.**
- **Schluss: Fassen Sie die Ergebnisse Ihrer Interpretation zusammen. Beschreiben Sie noch einmal Ihre Deutung des Textes.**

Charakterisieren

In einer Charakterisierung untersuchen Sie die Merkmale einer literarischen Figur. Sammeln Sie zunächst alle Informationen, die Sie im Text über die Figur finden können. Sie können diese nach den folgenden Gesichtspunkten/Fragestellungen ordnen:

- **Funktion im Text:** Welche Rolle hat die Figur im Text? Ist sie die Hauptfigur oder spielt sie nur eine Nebenrolle? Bringt sie die Handlung voran oder ist sie eher ein „Mitläufer"?
- **Äußeres Erscheinungsbild:** Wie wirkt die Figur? Wie beurteilen andere ihr Erscheinen? Wie beurteilt die Figur sich selbst? (Haltung, Gang, Gesicht, Gebärden, Sprechweise, Kleidung usw.)
- **Soziale Situation:** In welchen Umständen lebt die Figur? Welchen Beruf übt sie aus, welche Freundschaften hat sie, wie wird ihr Elternhaus beschrieben? Wie beurteilen andere die Figur? Ist die Figur zufrieden mit ihrem sozialen Umfeld? Gibt es eine Diskrepanz zwischen Selbst- und Fremdwahrnehmung?
- **Geistig-seelische Verfassung:** Wie denkt und empfindet die Figur? Wie beschreiben andere ihre Gedanken- und Gefühlswelt?
- **Verhalten und typische Eigenschaften:** Was sagt und tut die Figur? Welche ihrer Verhaltensweisen heben andere Figuren hervor (Einstellung zur Umwelt, Umgang mit anderen)?

Achten Sie nicht nur auf direkte, sondern auch auf indirekte Charakterisierungen:
Wenn der Romanheld sich selbst als „außergewöhnlich schön" bezeichnet, charakterisiert er sich direkt als schön, aber indirekt als eitel.

Komplexe Figuren
Überlegen Sie, wie komplex eine Figur ausgestaltet ist. Hauptfiguren werden meist differenzierter beschrieben. Der Leser erhält detaillierte Informationen zu den Lebensumständen der Hauptfiguren. Nebenfiguren werden oft auf wenige Merkmale reduziert.

Im Handlungsverlauf können sich die Figuren zudem entwickeln. Untersuchen Sie diese Veränderungen und suchen Sie nach möglichen Gründen dafür.

Widersprüchliche Figuren
Gerade komplexe Figuren werden oft unterschiedlich dargestellt – je nachdem, wer gerade spricht. Während die Hauptfigur von sich selbst sagt, bescheiden zu sein, kann eine Nebenfigur sie arrogant finden.

Beschreiben Sie deshalb nicht nur, **was** über eine Figur gesagt wird, sondern auch **wer** es sagt und **warum**. Berücksichtigen Sie dabei die Motive und Interessen der unterschiedlichen Figuren. Achten Sie zum Beispiel auf deren Freundschafts- und Feindschaftsverhältnisse.

Betrachten Sie anschließend Ihre Figur im Zusammenhang. Welches Gesamtbild ergibt sich aus den unterschiedlichen Charakterisierungen, die der Text anbietet?

Übung 13: Schreiben Sie eine Figurencharakterisierung. Wählen Sie zunächst eine ausführlich geschilderte Figur aus – beispielsweise den Helden Ihres Lieblingsromans – und versuchen Sie dann, nach den obigen Vorgaben eine Figurencharakteristik zu verfassen.

CHECKLISTE: CHARAKTERISTIKEN SCHREIBEN

- **Schreiben Sie im Präsens (Gegenwart).**
- **Nennen Sie den Namen der Figur und den Titel des Textes.**
- **Beschreiben Sie die Funktion der Figur im Text.**
- **Bewerten Sie, ob es sich um eine komplexe oder weniger komplexe Figur handelt. Können Sie sich die Figur gut vorstellen oder ist sie nicht richtig greifbar? Handelt es sich um eine widersprüchliche oder eine geradlinige Figur? Entwickelt sie sich im Laufe des Textes?**
- **Beschreiben Sie die Merkmale der Figur. Berücksichtigen Sie dabei die äußere Erscheinung, das soziale Umfeld, die geistig-seelische Verfassung und das Verhalten.**
- **Nennen Sie die auffälligsten Eigenschaften zuerst. Verändert sich die Figur im Verlauf der Handlung, so beschreiben Sie die Art der Veränderung.**
- **Fassen Sie abschließend die wichtigsten Erkenntnisse Ihrer Charakterisierung zusammen.**

3.6 ERZÄHLEN

Eine Erzählung soll die Leser unterhalten, sie amüsieren oder in Spannung versetzen. Das ist eigentlich gar nicht so schwer, wenn Sie schrittweise vorgehen und Ihre Erzählung richtig planen.

Ideen sammeln

Suchen Sie zunächst nach Ideen für Ihre Erzählung und schreiben Sie diese stichpunktartig auf. Je mehr Ideen Sie haben, desto besser können Sie eine Geschichte daraus entwickeln. Versuchen Sie bereits jetzt, Ihre Stichpunkte in eine vorläufige Reihenfolge zu bringen. Lassen Sie sich für die Ideensuche nach Möglichkeit etwas Zeit. Es hat wenig Sinn krampfhaft kreativ sein zu wollen. Sie können dabei ruhig an eigene Erlebnisse anknüpfen, aber lassen Sie auch Ihre Fantasie spielen. Stellen Sie sich zum Beispiel einen ganz normalen Tag im Leben eines Schülers vor, der plötzlich eine ungewöhnliche Wendung nimmt. Schon sind Sie mitten in Ihrer Erzählung und können diesen Tag mit Ihrer eigenen Fantasie weiterspinnen.

Handlung entwickeln

Überlegen Sie nun, worauf Ihre Geschichte hinauslaufen soll. Wo platzieren Sie den Höhepunkt? Muss Ihr Schüler vielleicht ein besonders schwieriges Problem lösen oder ein Hindernis überwinden?

Fragen Sie sich anschließend, wie die Erzählung enden könnte. Welche Lösungen kommen infrage? Fällt Ihnen eine Pointe ein?

Nach der Ideensammlung in Form von Stichworten auf einem Schmierblatt sollten Sie versuchen, die Handlung Ihrer Erzählung in fünf Sätzen zu beschreiben:

- *Christian geht zum Handballtraining.*
- *Die Sporthalle brennt.*
- *Christian sieht den Freund in dem brennenden Gebäude.*
- *Er rettet seinen Freund.*
- *Beide werden mit Rauchvergiftung ins Krankenhaus gebracht.*

Erzählperspektive wählen
Das Grundgerüst Ihrer Handlung steht. Jetzt müssen Sie überlegen, aus welcher Perspektive Sie das Geschehen schildern möchten.
Schreiben Sie aus der Sicht eines Ich-Erzählers, der alles unmittelbar und persönlich erlebt, oder wählen Sie lieber die Perspektive eines Er-Erzählers?

Entscheiden Sie sich für den Er-Erzähler, so haben Sie erneut die Wahl: Soll Ihr Erzähler am Geschehen aktiv beteiligt sein, zum Beispiel als bester Freund der Hauptfigur? Oder ist er ein allwissender Erzähler, der überhaupt nicht in der Handlung auftaucht?

Das Ausformulieren

Wenn das Grundgerüst Ihrer Handlung steht und Sie eine Erzählperspektive gewählt haben, können Sie anfangen zu schreiben. Die klassische Erzählzeit ist das Präteritum. Am Höhepunkt, wo die Spannung am größten ist, können Sie auch ins Präsens übergehen (szenisches Präsens).

In Ihrer **Einleitung** stellen Sie die Hauptfigur(en) vor und führen in den Ort und die Zeit der Handlung ein. Der Einstieg soll die Leser ganz unmittelbar in die Handlung ziehen. Schildern Sie also möglichst lebendig und konkret die Ausgangssituation.

Stellen Sie sich die Situation mit allen Sinnen vor. Beschreiben Sie das Wetter, die Straßengeräusche und die Stimmung, in der sich Christian befand, als er zum Handballtraining ging. Schildern Sie die Begegnungen, die er hatte, und die Gespräche, die er führte.

Im **Hauptteil** der Erzählung läuft die Handlung Schritt für Schritt auf den Höhepunkt zu. Erzählen Sie, wie sich Christian der brennenden Sporthalle nähert, wie er seinen Freund in dem Gebäude sieht und schließlich den Entschluss fasst, ihn zu retten. Beschreiben Sie nicht nur, **was** passiert, sondern **wie** Ihre Hauptfigur es sieht und erlebt. Versuchen Sie sich sowohl in den Erzähler als auch in die Person, von der erzählt wird, hineinzuversetzen. Beschreiben Sie alles ganz genau, spannend und emotional. Somit werden Sie Ihre Leser motivieren weiterzulesen und nicht mitten in der Geschichte abzubrechen.

Der Satz *Ich hatte Angst, in das brennende Gebäude zu laufen* ist nicht sehr eindringlich und wird beim Leser nicht die erwartete Reaktion hervorrufen. Besser ist es, wenn Sie folgendermaßen formulieren: *Die Flammen kamen mir entgegen, im Flur des Gebäudes war dichter Qualm, mir brach der Schweiß aus. Aber es half nichts, ich musste weiterlaufen!*

Schildern Sie, welche Hindernisse sich Ihrem Helden entgegenstellen, wie er sie überwindet und schließlich sein Ziel erreicht.

Der **Schluss** rundet Ihre Erzählung ab. Erzählen Sie hier das Ergebnis der Rettungsaktion. Überlegen Sie sich, wie Christian seinem Freund hilft. Beschreiben Sie kurz, wie Christian und sein Freund im Krankenhaus liegen. Geben Sie dem Leser einen kleinen Ausblick auf einen eventuellen Fortgang der Geschichte nach Beendigung Ihrer Erzählung.
Verraten Sie dabei allerdings nicht zu viel. Wichtig ist vor allem, dass Sie es schaffen, dass der Leser weiter über Ihre Erzählung nachdenkt. Haben Sie die Fantasie Ihrer Leser angeregt, haben Sie Ihr Ziel erreicht und eine gute Erzählung geschrieben.

Übung 14: Schreiben Sie eine Erzählung und nehmen Sie dazu folgende Stichworte zur Hilfe:

Urlaub am Meer – Fahrt mit dem Fischerboot – Boot kentert – Ufer weit entfernt – Rettung?

▸ CHECKLISTE: ERZÄHLUNGEN SCHREIBEN

- Sammeln Sie Ideen für Ihre Erzählung. Sie können dabei an eigene Erlebnisse anknüpfen. Lassen Sie Ihre Fantasie spielen.
- Überlegen Sie sich einen Handlungsverlauf. Worauf soll Ihre Handlung hinauslaufen? Wo platzieren Sie den Höhepunkt?
- Beschreiben Sie Ihre Handlung in fünf Sätzen, die verdeutlichen, worum es in der Erzählung geht.
- Wählen Sie eine Erzählperspektive. Schreiben Sie aus der Sicht eines Ich-Erzählers (unmittelbar, persönlich am Geschehen beteiligt) oder eines Er-Erzählers (betrachtet das Geschehen als Außenstehender).
- Beginnen Sie nun – nachdem Sie ein Grundgerüst Ihrer Handlung entwickelt und die Erzählperspektive gewählt haben – mit dem Ausformulieren.
- Einleitung: Beschreiben Sie die Ausgangssituation. Führen Sie die Hauptfigur, Ort und Zeit der Handlung ein.
- Hauptteil: Schildern Sie die Erlebnisse Ihrer Hauptfigur bis zum Höhepunkt der Erzählung.
- Schluss: Stellen Sie dar, wie die Erlebnisse Ihrer Figuren enden.
- Schreiben Sie Ihre Erzählung in der Vergangenheitsform (Präteritum). Am Höhepunkt der Handlung, wo die Spannung am größten ist, können Sie auch ins Präsens übergehen.

Zusammenfassung: Schriftliche Prüfungen

Versuchen Sie vor einer Prüfung die folgenden Punkte zu berücksichtigen. Das kann Ihnen helfen sich optimal vorzubereiten und mit gutem Gefühl in die nächste Prüfung zu gehen.

- Klären Sie Anforderungen, Umfang und Bewertungskriterien der Prüfung. Befragen Sie sowohl Ihre Lehrer als auch Ihre Mitschüler. Bereiten Sie die Prüfungsthemen gut vor.

- Informieren Sie sich über die Aufgabentypen und trainieren Sie diese. Erkundigen Sie sich, welche Art von Prüfung (z.B. Transferprüfung oder Faktenprüfung) Sie schreiben werden. Schreiben Sie Probeklausuren. Orientieren Sie sich dabei möglichst an dem originalen Bewertungsmaßstab.

- Stimmen Sie sich positiv auf die Klausur ein. Sagen Sie sich selbst: *Ich schaffe das!*

- Achten Sie auf die Aufgabenstellung.

- Lösen Sie leichte Aufgaben zuerst.

- Müssen Sie einen Text schreiben, sammeln Sie zuerst Ideen auf einem Blatt Papier, sortieren Sie diese und entwickeln Sie dann eine Gliederung. Schreiben Sie erst jetzt Ihre Antwort.

- Nutzen Sie die Zeit, die Ihnen zur Verfügung steht, voll aus.

- Achten Sie darauf, dass Sie am Ende noch genug Zeit haben, Ihre Arbeit durchzulesen.

4 MÜNDLICHE PRÜFUNGEN

4.1 GUT VORBEREITET IN DIE PRÜFUNG

Vor mündlichen Prüfungen sind fast alle Menschen ein wenig nervös. Allein die Vorstellung, vor einem oder mehreren Prüfern frei sprechen zu müssen, ist aufregend und kann Ihre Vorbereitungen behindern. Diese Nervosität bekämpfen Sie am besten, indem Sie sich gezielt auf die Prüfungssituation vorbereiten.

Prüfungsgebiet abstecken

Sammeln Sie Informationen über den Umfang und die Anforderungen der Prüfung. Welche Themen kommen vor? Werden eher Detailfragen behandelt oder sollen Zusammenhänge dargestellt werden? Welchen Schwierigkeitsgrad haben die Aufgaben?

▸TIPP

Überlegen Sie sich, welche Lücken Sie haben, und entwickeln Sie einen Lernplan. Wie Sie sich Prüfungsstoff am besten aneignen, können Sie in den Kapiteln 1 und 2 nachlesen.

Ablauf klären

Informieren Sie sich frühzeitig über den Ablauf der Prüfung. Müssen Sie einen Vortrag halten oder findet ein Prüfungsgespräch statt? Wie werden die einzelnen Prüfungsbestandteile bewertet?

Typische Prüfungsbestandteile

Ein Bestandteil vieler mündlicher Prüfungen ist das *Prüfungsgespräch*. Der Prüfer stellt Fragen, Sie antworten. Im Idealfall entwickelt sich aus dem Frage-Antwort-Spiel ein richtiges Gespräch. Das kann zum Beispiel so aussehen, dass Sie mit Ihrem Prüfer verschiedene Sichtweisen des Themas diskutieren.

Sehr häufig müssen Sie in mündlichen Prüfungen zusätzlich einen Vortrag halten (vgl. Kapitel 4.2). Die mündliche Abiturprüfung beispielsweise besteht in der Regel aus einem Vortrag und einem Gespräch.

Zunächst müssen die Prüflinge eine Aufgabe lösen. Dafür haben sie meist 30 Minuten Zeit. Anschließend tragen sie ihre Ergebnisse in einem etwa zehnminütigen Referat vor. An den Vortrag schließt sich ein etwa zehnminütiges Prüfungsgespräch an.

Die Bewertung

In mündlichen Prüfungen wird – ebenso wie in schriftlichen – vor allem Spezialwissen mehrerer Fachgebiete zu einem Prüfungsschwerpunkt geprüft. Doch auch andere grundlegende Fähigkeiten, wie das Vermögen, Inhalte zu gliedern und zusammenhängend darzustellen oder Verbindungen zu anderen Themengebieten zu finden, fließen in die Bewertung ein. Auf der nächsten Seite finden Sie eine Übersicht über die wichtigsten Bewertungskriterien mündlicher Prüfungen:

4

Sie sollten:

- zeigen, dass Sie die Prüfungsthemen kennen und verstanden haben,
- zeigen, dass Sie Ihr Wissen mündlich weitergeben, also einen zusammenhängenden Vortrag halten und Fragen gezielt beantworten können,
- Ihr Wissen anwenden können, indem Sie Zusammenhänge herstellen und Beispiele finden,
- auf die Aufgabenstellung eingehen und nicht abschweifen
- nicht zu knappe, aber auch nicht zu ausführliche (abschweifende) Antworten geben,
- Ihre Antworten gliedern, also Wichtiges zuerst nennen schlüssig argumentieren, Zusammenhänge in ihrer logischen Reihenfolge beschreiben,
- ein angemessenes Sprachniveau wählen, keine Umgangssprache verwenden, sich klar ausdrücken und Fachbegriffe richtig einsetzen,
- selbstbewusst und selbstsicher auftreten (Blickkontakt zu den Prüfern halten, lächeln und freundlich auf die Fragen der Prüfer antworten) und damit einen kompetenten Eindruck hinterlassen.

Prüfungen aktiv gestalten

Viele glauben, dass der Erfolg oder Misserfolg ihrer Prüfung weitgehend von den Prüfern abhängt. Sie betrachten sich selbst als passives Opfer einer Situation, die sie nicht beeinflussen können. Dabei bedenken sie nicht, dass sie selbst den Vortrag beziehungsweise das Gespräch mitsteuern können.

)en Prüfungsverlauf können Sie mit-enken, indem Sie das Prüfungsge-präch immer wieder auf Ihre starken Vissensgebiete lenken. Auch in einem rüfungsvortrag können Sie sich auf hre „Lieblingsthemen“ konzentrieren.

> **TIPP**
>
> **Denken Sie daran, dass das Ergebnis Ihrer Prüfung größtenteils von Ihrer eigenen Vorbereitung abhängt. Wenn Sie das notwendige Fachwissen besitzen und sich auf die mündliche Prüfungssituation gut vorbereitet haben, können Sie selbstbewusst in die Prüfung gehen.**

rüfer kennen lernen

latürlich haben auch Ihre Prüfer ei-en Einfluss auf den Verlauf der Prü-ung, denn sie geben die Aufgaben-tellungen vor und stellen die Fragen. ersuchen Sie deshalb Ihren Prüfer nöglichst gut einschätzen zu lernen. ragen Sie verschiedene Personen, die ei ihm bereits geprüft wurden, wel-hen Prüfungsstil Ihr Prüfer hat. Beobachten Sie ihn zum Bei-piel auch im Unterricht:

elche Themen interessieren ihn besonders? Wie fragt er? tellt er oft so genannte „geschlossene Fragen“, die nur eine inzige Antwort zulassen, wie zum Beispiel:
ann fand die Französische Revolution statt?

tellt er „offene Fragen“, die Ihnen viel Raum geben, eigene edanken zu entwickeln, wie beispielsweise:
ie wirkte sich die Französische Revolution auf die Gesellschaft Frankreich aus?

▸TIPP

Wenn Ihr Lehrer ein Vorbereitungsgespräch für die mündliche Prüfung anbietet, sollten Sie auf jeden Fall daran teilnehmen. Eventuell können Sie selbst anregen, dass ein solches Gespräch stattfindet. Erkundigen Sie sich gezielt nach der Art der Fragen, die Sie in der Prüfung erwarten.
Welche Aufgabentypen kommen vor? Wie detailliert wird der Stoff behandelt? Wenn Sie in dem Vorbereitungsgespräch zeigen, wie groß Ihr Interesse an der Prüfung ist, nehmen Sie Ihren Prüfer bereits für sich ein.

Gerüchte möglichst ignorieren

Gerade vor mündlichen Prüfungen kursieren viele Gerüchte Hören Sie nicht auf negative Geschichten, die Ihren Prüfe betreffen. Besser ist es, wenn Sie sich ein eigenes Bild vo ihm machen. Häufig kennt man den Prüfer sowieso bereit im Voraus und hat sich dementsprechend für jemanden ent schieden, der einem sympathisch ist.

Haben Sie die Wahl, so sollten Sie sich auf keinen Fall eine Prüfer aussuchen, bei dem Sie einmal schlecht abgeschnit ten haben oder den Sie persönlich nicht mögen. Lässt sic das allerdings nicht vermeiden, sollten Sie sich genau info mieren, welchen Prüfungsstil dieser Prüfer hat. Die wenigste Lehrer stellen absichtlich gemeine Fragen oder lassen Prü linge mit Bedacht durchfallen. Im Gegenteil. Lehrer haben ei großes Interesse daran, dass ihre Schüler bestehen, denn gut Schüler sind der beste Beweis für ihre gute Arbeit.

CHECKLISTE: GUT VORBEREITET IN DIE PRÜFUNG

- **Informieren Sie sich über die Prüfungsthemen und klären Sie den Schwierigkeitsgrad der Aufgaben ab.**
- **Informieren Sie sich über den Ablauf der Prüfung. Welchen Umfang haben die Prüfungsteile und wie werden sie bewertet?**
- **Trainieren Sie die Prüfungssituation. Bereiten Sie sich gezielt auf Prüfungsgespräch und -vortrag vor (vgl. Kapitel 4.2 und 4.3).**
- **Lernen Sie den Prüfungsstil Ihrer Lehrer kennen. Beobachten Sie Ihre Prüfer im Unterricht und besuchen Sie Vorbereitungsgespräche. Regen Sie eventuell selbst ein solches Gespräch an.**

.2 VORTRÄGE HALTEN

ı vielen mündlichen Prüfungen müssen Sie einen Vortrag halen. Sehr häufig begegnen Ihnen die folgenden Varianten:

) themenbezogene Vorträge

ı einigen Prüfungen müssen Sie das Prüfungsthema zunächst ı einem kurzen Referat überblickartig darstellen. Ihr Vorag soll zeigen, dass Sie die wichtigsten Themenaspekte erannt haben und darstellen können. Außerdem sollen Sie zeien, wie die Prüfungsthemen zusammenhängen.

as themenbezogene Referat ist oft die Grundlage für ein anchließendes Prüfungsgespräch. Es liefert sozusagen die ichworte für die Fragen des Prüfers.

b) aufgabenbezogene Vorträge
In anderen Prüfungen – wie zum Beispiel in den meiste mündlichen Abiturprüfungen – erhalten Sie eine Aufgabe ode Frage, die Sie in einem vorgegebenen Zeitrahmen beantworte beziehungsweise lösen sollen.

Ihre Antwort tragen Sie in einem kurzen Vortrag vor. Ihr Vor trag soll belegen, dass Sie Ihr Fachwissen anwenden und a einem Beispiel demonstrieren können.

In der Abiturprüfung schließt sich ebenfalls ein Prüfungs gespräch an, in dem vertiefende Fragen zum Vortrag und all gemeine Fragen zum Prüfungsthema gestellt werden.

Zu a): themenbezogene Vorträge
1. Thema erfassen: Um einen themenbezogenen Vortrag hal ten zu können, müssen Sie sich zunächst intensiv mit der Prüfungsstoff beschäftigen. Gehen Sie Ihre Unterlagen durc und finden Sie heraus, welche Aspekte das Thema umfass Wie hängen die Punkte zusammen?

2. Thema benennen: Suchen Sie anschließend einen Ein stiegssatz für Ihren Vortrag. Dieser soll Ihr Thema möglichs genau auf den Punkt bringen:

Mein Vortrag beschäftigt sich mit der Darstellung des Groß stadtlebens in der deutschen Lyrik des Expressionismus od Mein Vortrag beschreibt den Prozess der Fotosynthese.

3. Gliederung: Überlegen Sie sich, in welcher Reihenfolge Sie die einzelnen Themenaspekte behandeln. Sie können sie zum Beispiel nach ihrer Bedeutung ordnen (Wichtiges zuerst!) oder in ihrer zeitlichen Reihenfolge beschreiben. Wählen Sie eine Gliederung, die für Ihr Thema logisch und praktisch erscheint.

4. Skript schreiben: Schreiben Sie Ihren Vortrag stichwortartig auf. Orientieren Sie sich dabei an der Gliederung. Das gesamte Skript sollte nicht mehr als drei bis vier Seiten umfassen.

5. Schluss formulieren: Lassen Sie Ihren Vortrag nicht abrupt abbrechen. Fassen Sie das Wichtigste am Ende noch einmal kurz zusammen. Vielleicht können Sie sogar eine Schlussfolgerung ziehen oder eine Lösung beschreiben, die das Referat abschließt.

6. Gedächtnisstützen notieren: Schreiben Sie die wichtigsten Punkte Ihres Skripts als Gedächtnisstützen auf Karteikarten oder auf ein separates Blatt. Sie können auch eine Mind-Map zum Thema zeichnen.

7. Vortrag einprägen: Prägen Sie sich den Vortrag ein, indem Sie zunächst das gesamte Skript noch einmal lesen. Halten Sie anschließend einen Probevortrag. Falls Sie nicht weiter wissen, können Sie Ihre Gedächtnisstützen (Karteikarten, Mind-Map etc.) zur Hilfe nehmen.

8. Vortrag trainieren: Trainieren Sie das freie Sprechen so oft wie möglich, denn niemand wird als Redner geboren. Versuchen Sie sich von Ihrem Skript zu lösen, blicken Sie in die Runde und signalisieren Sie damit, dass Sie den Vortrag für Ihr Publikum halten. Je freier Sie Ihren Vortrag halten, das heißt Blickkontakt mit Ihren Mitschülern aufnehmen und nur selten auf Ihre Aufzeichnungen schauen, desto mehr werden Sie Ihre Zuhörer ansprechen.

Halten Sie Vorträge vor dem Spiegel, vor Ihrer Familie, vor Freunden und Mitschülern. Arbeiten Sie viel im Unterricht mit, denn auf diese Weise lernen Sie ebenfalls, vor einer größeren Gruppe zu sprechen und können somit Ihre Hemmungen abbauen.

▸TIPP

Nutzen Sie Ihren Vortrag, um den weiteren Verlauf der Prüfung zu lenken. Sehr oft folgt auf ein Referat ein vertiefendes Prüfungsgespräch. Der Prüfer greift darin Stichworte Ihres Vortrags auf und stellt weiter gehende Fragen. Deshalb sollten Sie sich im Vortrag besonders ausführlich mit den Themen beschäftigen, die Sie gut beherrschen. Deuten Sie während des Vortrags zum Beispiel an, dass Sie einzelne Aspekte gerne noch weiter ausführen würden, leider aber aus Zeitgründen zu einem neuen Thema übergehen müssen.

Vielleicht nimmt Ihr Prüfer den Ball auf und beschäftigt sich im anschließenden Prüfungsgespräch überwiegend mit Ihren Lieblingsthemen.

Zu b): aufgabenbezogene Vorträge

1. Prüfungsstoff erfassen: Auch ein aufgabenbezogenes Referat können Sie nur halten, wenn Sie den Prüfungsstoff gut kennen und mit ihm arbeiten können. Setzen Sie sich also zunächst intensiv mit dem Thema auseinander. Gehen Sie Ihre gesamten Aufzeichnungen nochmals durch. Besorgen Sie sich weitere Materialien zu Ihrem Prüfungsthema, z. B. ähnliche Aufgaben im Internet. Überlegen Sie sich, welche Themen mit Ihrem Thema zusammenhängen.

2. Aufgaben üben: Überlegen Sie sich, welche Aufgaben und Fragen der Prüfer stellen könnte. Notieren Sie sich alle Fragen, die Ihnen einfallen, auf einem Blatt Papier und lösen Sie diese.

Meistens erhalten Sie in einer mündlichen Prüfung Aufgaben, die Sie bereits in einer ähnlichen Form im Unterricht behandelt haben. Gehen Sie deshalb Ihre Mitschriften und Unterrichtsmaterialien durch und üben Sie alle Aufgaben zum Prüfungsthema, die Sie finden.

3. Prüfungssituation trainieren: Trainieren Sie die Prüfungssituation am besten gemeinsam mit Mitschülern. Jedes Mitglied Ihrer Lerngruppe überlegt sich eine Aufgabenstellung und schreibt diese auf einen Zettel. Anschließend zieht jeder einen Zettel, beschäftigt sich mit der Aufgabe und bereitet einen Vortrag vor. Halten Sie anschließend Ihre Vorträge vor Ihrer Lerngruppe.

4. Zeit einteilen: Wenn Sie in einer mündlichen Prüfung einen Vortrag vorbereiten sollen, müssen Sie sich Ihre Zeit gut einteilen und genauestens planen, was wann folgt. Wenn Sie – wie im mündlichen Abitur – 30 Minuten für die Vorbereitung der Aufgabe zur Verfügung haben, können Sie sich an die folgende Faustregel halten:

- 3–5 Minuten: Frage gründlich lesen
- 15 Minuten: Gliederung entwickeln
- 7–10 Minuten: Vortrag einprägen

> **TIPP**
>
> **Kontrollieren Sie während Ihrer Probereferate, wie viel Zeit Sie benötigen, um die Aufgabe zu lesen, eine Antwort zu entwickeln und den Vortrag vorzubereiten. Falls Sie mit der nebenan beschriebenen Einteilung nicht zurechtkommen, suchen Sie nach Ihrer persönlichen Ideallösung.**

5. Frage gründlich lesen: Lesen Sie sich die Frage zunächst gründlich durch und unterstreichen Sie wichtige Schlüsselbegriffe. Überlegen Sie sich, worauf die Frage abzielt und wie Ihr Arbeitsauftrag aussieht. Sollen Sie etwas kommentieren, interpretieren oder beschreiben?

6. Stichworte notieren: Notieren Sie anschließend Ihre Ideen in Stichworten. Gehen Sie in Gedanken den Prüfungsstoff durch und versuchen Sie, alle Aspekte des Themas zu benennen. Achten Sie dabei zunächst nicht auf eine bestimmte Ordnung, sondern schreiben Sie alles auf, was Ihnen einfällt.

7. Gliederung entwickeln: Gliedern Sie dann Ihren Vortrag. Ordnen Sie die Punkte so, dass sie logisch aufeinander aufbauen. Überlegen Sie sich eine Einleitung und einen Schluss.

8. Vortrag einprägen: Nutzen Sie die letzte Phase Ihrer Vorbereitungszeit, um sich Ihre Antwort einzuprägen. Gehen Sie dann Ihre Stichworte durch und formulieren Sie im Geiste Ihren Vortrag. Sie können dabei leise vor sich hin sprechen. Auf diese Weise prägen sich einzelne Formulierungen besser ein.

9. Vorträge halten: Ob Sie Ihren Vortrag wochenlang vorbereitet oder gerade erst entwickelt haben, die ersten Sätze fallen vielen Schülern besonders schwer. Versuchen Sie sich den Einstieg besonders leicht zu machen.

10. Lächeln lockert auf: Gehen Sie lächelnd in eine Prüfung, auch wenn Sie sich dazu zwingen müssen, denn Lächeln entspannt und Sie werden automatisch lockerer. Begrüßen Sie zu Beginn alle Mitglieder der Prüfungskommission und sehen Sie ihnen dabei in die Augen. Konzentrieren Sie sich anschließend ganz auf Ihren Vortrag. Atmen Sie noch einmal ganz tief durch, sammeln Sie sich und erinnern Sie sich an Ihre Notizen.

Nennen Sie zuerst das Thema Ihres Vortrags. Handelt es sich um ein aufgabenbezogenes Referat, nennen Sie die Frage beziehungsweise den Arbeitsauftrag. Formulieren Sie dann Ihre Antwort. Gehen Sie dabei im Geiste Ihre Gliederung durch.

11. artikuliert sprechen: Sprechen Sie langsam und deutlich. Setzen Sie hinter längeren Abschnitten eine kurze Pause. Falls Sie einmal nicht sofort eine passende Antwort parat haben, sollten Sie lieber einen Augenblick länger überlegen, was Sie auf diese Frage erwidern könnten, als eventuell eine zerstreute Antwort zu geben. So können Ihre Prüfer dem Vortrag besser folgen.

12. Übergänge kennzeichnen: Kennzeichnen Sie Übergänge in Ihrem Vortrag. So wird die Gliederung des Referats deutlich:

Bisher habe ich mich mit den Grundlagen des Themas beschäftigt, jetzt folgen einige besondere Aspekte.

13. Blickkontakt zum Prüfer: Während Ihres Vortrags sollten Sie Blickkontakt zur Prüfungskommission halten. Dadurch signalisieren Sie Offenheit (vgl. Kapitel 4.4). Außerdem könnten Sie auf diese Weise ein Feed-back zu Ihren Äußerungen erhalten – zustimmendes Nicken oder Stirnrunzeln des Prüfers.

14. keine Angst vor dem Black-out: Nehmen Sie es nicht allzu tragisch, wenn Sie ins Stocken geraten. Erklären Sie Ihrem Prüfer, dass Sie gerade den Faden verloren haben. Vielleicht kann er Ihnen eine Hilfestellung geben. Möglicherweise dürfen Sie sogar einen Blick auf Ihre Aufzeichnungen werfen. (Weitere Tipps gegen Prüfungsangst und Nervosität finden Sie im Kapitel 5).

Übung 15: Entwerfen Sie einen Kurzvortrag über Ihre Lieblingsband oder Ihren Lieblingsschriftsteller. Nehmen Sie sich für die Vorbereitung 15 Minuten Zeit. Mögliche Hilfsmittel: Internet und verfügbare Lexika. Halten Sie den Vortrag vor Ihrer Familie, vor Freunden oder vor dem Spiegel.

4.3 PRÜFUNGSGESPRÄCHE FÜHREN

„Und was ist, wenn mir nichts einfällt?" Viele Schüler befürchten, dass ihr Prüfer Fragen stellen könnte, mit denen sie nicht gerechnet haben und die sie nicht beantworten können. Doch auch solche Situationen können Sie mit etwas Geschick und guter Vorbereitung meistern.

Vorbereitung

Überlegen Sie sich, welche Themen Ihr Prüfer in dem Gespräch anschneiden könnte, und listen Sie mögliche Fragen auf. Welche Aspekte und Zusammenhänge sind besonders wichtig? Fallen Ihnen Beispiele ein, um Abstraktes darzustellen? Können Sie Parallelen zu anderen Fachthemen ziehen? Ihre Fragensammlung sollte das gesamte Prüfungsthema abdecken.

▸TIPP

Berücksichtigen Sie bei Ihren Vorbereitungen auch den Fragestil Ihres Prüfers. Fragt er eher nach Fakten oder fordert er Sie auf, eigene Gedanken zu entwickeln? Interessieren Ihn Details oder die großen Zusammenhänge? Bittet er Sie oft, Beispiele zu finden oder möchte er abstrakte Zusammenhänge hören?

Schreiben Sie sich Ihre Fragen mit den entsprechenden Antworten auf Karteikarten oder Zettel. Lernen Sie die Aufgaben wie Vokabeln.
Spielen Sie mit Ihren Mitschülern eine Prüfungssituation durch. Stellen Sie sich gegenseitig Fragen, die in der Prüfung vorkommen könnten, und formulieren Sie Antworten. Auf diese Weise gewöhnen Sie sich an die Bedingungen eines Prüfungsgesprächs.

Verhalten während der Prüfung

- **Frage beachten:**Viele Schüler sind in der Prüfung so nervös, dass Sie die Frage nur halb verstehen und eine falsche Antwort liefern. Konzentrieren Sie sich bewusst auf die Frage und überlegen Sie sich, worauf sie abzielt. Wenn Sie sich nicht sicher sind, haken Sie nach: *Sie meinen mit dieser Frage, dass …?*

- **Überlegt antworten:** Wenn Sie zu unüberlegt antworten, besteht die Gefahr, dass Sie sich versprechen oder Ihre Antwort schlecht aufbauen. Überlegen Sie sich zunächst blitzschnell eine Mini-Gliederung. Im Idealfall erscheinen jetzt vor Ihrem geistigen Auge die Stichworte Ihrer Lernunterlagen, zum Beispiel Ihrer Karteikarten oder Mind-Maps. Dann müssen Sie Ihre Antwort nur aus Ihrem Gedächtnis ablesen.

- **Laut denken:** Wenn Sie nur eine ungefähre Vorstellung davon haben, wie die richtige Antwort lauten könnte, sollten Sie laut denken. Die meisten Prüfer sind bereit, Ihnen Hilfestellungen zu geben und zu sagen, ob Ihre Überlegungen in die richtige Richtung gehen. Reden ist in jedem Fall besser als Schweigen, denn eine halbrichtige Antwort bringt Ihnen mehr Pluspunkte als überhaupt keine Antwort.

- **Nicht schweigen:** Können Sie eine Frage nicht beantworten, so reagieren Sie nicht mit entsetztem Schweigen. Bitten Sie den Prüfer, die Frage noch einmal anders zu formulieren oder lassen Sie sich einen Moment Zeit geben, um nachzudenken. Falls Sie sie dennoch nicht beantworten können, bitten Sie einfach um eine neue Frage.

- **Nicht zu kompliziert denken:** Gerade zu Beginn einer Prüfung stellen Prüfer häufig einfache Fragen, um den Prüflingen die Angst zu nehmen und einen leichteren Einstieg in das Gespräch zu ermöglichen. Denken Sie deshalb nicht zu kompliziert. Häufig ist die Antwort einfacher als vermutet.

- **Signale beachten:** Achten Sie in der mündlichen Prüfung auf Signale Ihres Hauptprüfers. Eventuell versucht er Ihnen mit Blicken Hinweise zu geben. Falls er den Kopf schüttelt oder die Stirn runzelt, könnte es sein, dass Ihre Antwort in die falsche Richtung läuft. Fragen Sie lieber noch einmal nach, ob Sie seine Frage richtig verstanden haben.

- **Wissen anbringen:** Notieren Sie sich vor der Prüfung die Punkte, die Sie in jedem Fall in Ihrem Prüfungsgespräch anbringen möchten. Versuchen Sie in der Prüfung, das Gespräch geschickt auf die Wissensgebiete zu lenken, die Sie besonders gut beherrschen und bei denen Sie punkten können: *Neben dem Aspekt X ist der Aspekt Y besonders interessant. Vielleicht können wir später noch darüber sprechen.*

4.4 AUFTRETEN UND KÖRPERSPRACHE

Jeder Prüfling hinterlässt bei den Prüfern einen Gesamteindruck. Sie können noch so viel gelernt haben, wenn Sie allerdings nicht in der Lage sind, Ihr Wissen in der mündlichen Prüfung flüssig und gut strukturiert vorzutragen, werden die Prüfer dies merken und bei der Bewertung zu Ihrem Nachteil in das Prüfungsergebnis einfließen lassen.

Die Prüfer machen sich ein Bild vom Fachwissen und den mündlichen Fähigkeiten der Kandidaten. In diesen Gesamteindruck fließt auch das Auftreten mit ein. Dabei ist es hilfreich, wenn Sie die folgenden Tipps bei Ihrer nächsten Prüfung beachten.

Nicht verstellen

Damit keine Missverständnisse entstehen: Sie müssen sich nicht verstellen oder versuchen besonders „cool" zu wirken. Bleiben Sie einfach natürlich, freundlich und offen. Geben Sie zu Beginn den Mitgliedern der Prüfungskommission die Hand und sehen Sie Ihnen dabei in die Augen.

Blickkontakt
Schauen Sie während der Prüfung nicht ständig auf den Boden oder auf Ihre Unterlagen. Nehmen Sie lieber Blickkontakt zu Ihren Prüfern auf. Auf diese Weise signalisieren Sie Freundlichkeit und Offenheit.

Sprache
Denken Sie daran, dass bei einer mündlichen Prüfung nicht nur zählt, was man sagt, sondern auch besonders wichtig ist, wie man etwas sagt. Ihre sprachliche Ausdrucksfähigkeit kann die Benotung Ihrer Prüfungsleistungen stark beeinflussen. Daher sollten Sie sich bewusst auf Ihre sprachliche Darbietung konzentrieren und vor allem im Voraus ausprobieren, wie Ihre Sprache wirkt – sowohl auf Sie selbst als auch auf andere.

Sprechen Sie so oft und so lange wie möglich über Ihr Prüfungsthema. Dabei ist es hilfreich, wenn Sie bereits bei Ihrem Sprachtraining auf einige sprachliche Ausdrucksmöglichkeiten besonderen Wert legen. Je mehr Routine Sie beim Verwenden bestimmter Floskeln bekommen, desto überzeugter werden Sie in der mündlichen Prüfung auf Ihre Prüfer wirken.

- Stellen Sie Zusammenhänge deutlich heraus und machen Sie Ihrem Publikum klar, worauf sich das, was Sie sagen, bezieht.

- Verknüpfen Sie einzelne Informationen sprachlich miteinander.

- Finden Sie Überleitungen, wie *Nachdem ich nun alle Fakten zu … aufgezählt habe, möchte ich nun einige Punkte genauer erklären.*

- Fassen Sie bisher Gesagtes an einigen Stellen zusammen, z. B.: *Abschließend möchte ich … zusammenfassen* oder *Zusammenfassend kann man Folgendes feststellen.*

Achten Sie vor allem auf Ihre Aussprache. Sprechen Sie deutlich, in angemessenem Sprechtempo. Versuchen Sie Füllsilben wie *äh, hmm* oder *ähm* nicht zu verwenden und betonen Sie wichtige Begriffe. Gehen Sie auf die Fragen Ihrer Prüfer ein, indem Sie einen Teil der Frage in den ersten Sätzen Ihrer Antwort aufgreifen. Das gibt Ihnen etwas Zeit Ihre Gedanken zu ordnen, um dann zusammenhängend auf die Frage einzugehen.

Sie müssen sich in einer mündlichen Prüfung nicht betont gewählt ausdrücken, aber vermeiden Sie Umgangssprache. Achten Sie darauf, dass Sie Fremdwörter und Fachbegriffe richtig anwenden.

Sprechen Sie so natürlich wie möglich und verstellen Sie sich nicht beim Vortragen. Ihre Prüfer werden sofort bemerken, wenn Sie Wörter benutzen, die Ihnen unbekannt sind, und die Sie nur verwenden, um die Prüfer zu beeindrucken.

Stimme
Schon mit Ihrer Stimme können Sie Zuhörer für sich gewinnen. Eine lebendige und frische Stimme weckt unsere Auf-

merksamkeit. Menschen, die sehr leise sprechen oder nuscheln, hören wir dagegen nicht so gerne zu.

Engagement
Zeigen Sie Interesse an der Prüfung. Wer gelangweilt antwortet oder unbeteiligt Löcher in die Luft starrt, hinterlässt einen schlechten Eindruck bei der Prüfungskommission.

Nervosität
Nehmen Sie es gelassen, wenn Ihre Hände zittern oder Ihre Stimme brüchig ist. Sie sind nicht der erste Mensch, der in einer Prüfung nervös wird. Ihre Prüfer werden deshalb Verständnis dafür haben und es Ihnen nicht negativ anrechnen. Nervosität können Sie in der Prüfung ruhig zeigen.

Black-out
Wenn es zu schlimm wird und Ihnen vor lauter Nervosität nichts mehr einfällt, sollten Sie das ansprechen. Erklären Sie, dass Sie einen Black-out haben und fragen Sie, ob Sie die Prüfung kurz unterbrechen können. (Weitere Tipps gegen Prüfungsangst und Nervosität finden Sie im Kapitel 5.)

Kleidung
Überlegen Sie sich genau, welche Kleidung Sie am Tag Ihrer Prüfung tragen werden. Es ist zwar nicht immer der Fall, dass ein lässiges Aussehen nachteilig ist, allerdings wird es Ihnen auch keinen Vorteil verschaffen. Sie sollten – nach Möglichkeit – auf konservative Kleidung zurückgreifen.

Verzichten Sie eventuell auf Jeans und vergessen Sie nicht am Vorabend nochmals Ihre Schuhe zu putzen. Männer können in Stoffhosen und Hemd, Frauen in Stoffhose/Rock und Bluse o. Ä. erscheinen. Wichtig ist ein gepflegtes Erscheinungsbild.

▸ **TIPP**

Der erste Eindruck bestimmt Anerkennung oder Ablehnung bei den Prüfern. Durch Ihr Aussehen können Sie ihn positiv beeinflussen.

Durchhalten

Stehen Sie Prüfungen durch – auch wenn es schwer fällt. Denken Sie daran, dass Sie schlechte Ergebnisse in vielen Fällen wettmachen können, indem Sie die Prüfung wiederholen. Eine abgebrochene Prüfung jedoch gräbt sich in die Psyche ein. Diese Erfahrung kann dazu führen, dass Sie später immer wieder Probleme in ähnlichen Prüfungssituationen haben.

Eine Prüfungskommission ist ein eher konservatives Publikum. Daher sollten auch Sie konservativ, also statusgemäß und ernsthaft, erscheinen. Das verleiht Ihren Worten mehr Gewicht, Sie wirken glaubwürdiger. Treten Sie allerdings auch hinsichtlich Ihrer Kleidung nicht überheblich auf. Bei Männern könnte zum Beispiel die Krawatte von den Prüfern belächelt werden. Denken Sie daran: Es geht nicht um Selbstdarstellung, sondern um Akzeptanz durch die Prüfer.

▸ CHECKLISTE: MÜNDLICHE PRÜFUNGEN

- Informieren Sie sich über Anforderungen und Ablauf. Üben Sie Vortrag und Prüfungsgespräch.
- Lernen Sie den Prüfungsstil des Prüfers beziehungsweise der Prüfungskommission kennen.
- Überlegen Sie sich Fragen zum Thema und beantworten Sie diese.
- Stellen Sie sich selbst ein Thema, sammeln Sie Ideen, sortieren Sie diese, entwickeln Sie eine Gliederung und formulieren Sie dann einen Vortrag.
- Gehen sie lächelnd in die Prüfung. Begrüßen Sie alle Prüfer und sehen Sie Ihnen in die Augen.
- Achten Sie auf die Fragestellungen und antworten Sie überlegt.
- Wenn Sie eine Frage nicht sofort beantworten können, bitten Sie den Prüfer, die Frage umzuformulieren.
- Lenken Sie den Vortrag/das Gespräch auf Themen, die Sie gut beherrschen.
- Sprechen Sie langsam und artikuliert. Vermeiden Sie Umgangssprache, wählen Sie eine angemessene Ausdrucksweise.
- Nehmen Sie Ihre eigene Nervosität gelassen. Ignorieren Sie Ihre schwitzenden Hände und konzentrieren Sie sich auf die Aufgaben.
- Wenn Sie den Faden verloren haben, sollten Sie den Prüfer bitten, einen Moment die Prüfung zu unterbrechen. Atmen Sie ein paar Mal tief ein und aus, bis Sie wieder ruhig werden.
- Achten Sie auf ein gepflegtes äußeres Erscheinungsbild. Verzichten Sie auf allzu lässige Kleidung, denn durch Ihr Aussehen können Sie den ersten Eindruck positiv beeinflussen.

5 PRÜFUNGSANGST ABBAUEN

5.1 SELBSTTEST PRÜFUNGSANGST

Gehen Sie locker oder verzagt in die Prüfung? Sind Sie eher ängstlich und nervös oder zu selbstbewusst und motiviert? Unser Selbsttest hilft Ihnen dabei, sich besser einzuschätzen und vielleicht auf die nächste Prüfung anders vorzubereiten. Im Anhang können Sie nachlesen, welcher Prüfungstyp Sie sind, und daraus nützliche Schlüsse für die nächste Prüfungsvorbereitung ziehen.

Übung 16:

1. Eine wichtige Prüfung steht bevor. Wie denken Sie normalerweise darüber? Kreuzen Sie eine Antwort an, die für Sie typisch ist.

Ich schaffe das nicht. Ich konnte das noch nie und werde versagen.	A
In dem Fach war ich schon immer ganz gut. Das Prüfungsthema liegt mir. Natürlich werde ich gut abschneiden.	B
Ich habe noch zwei Wochen Zeit. Da muss ich pro Tag eine Stunde lernen, um die einzelnen Prüfungsthemen zu beherrschen. Das müsste durchaus machbar sein!	C

2. Die Prüfung steht unmittelbar bevor. Was fühlen Sie, wenn Sie an die Prüfungssituation denken?

Ich bin zwar aufgeregt, aber ich glaube, dass ich das schaffen werde, weil ich mich so gut wie möglich vorbereitet habe.	C
Mein Magen krampft sich zusammen. Am liebsten würde ich vor der Situation flüchten. Ich habe Angst.	A
Ich bin gespannt, was auf mich zukommt. Angst habe ich nicht. Warum auch?	B

3. Wie bereiten Sie sich in der Regel auf eine Prüfung vor?

Ich muss mich meistens nicht besonders lange auf Prüfungen vorbereiten. Ich beherrsche den Stoff auch so ganz gut.	B
Ich überlege mir, was ich lernen muss, mache mir dann einen Zeitplan und arbeite die einzelnen Punkte ab.	C
Wenn ich an die Prüfung denke, kann ich oft gar nicht mehr lernen. Ich bin wie blockiert und wahnsinnig nervös, schiebe das Lernen vor mir her bis der Prüfungstag da ist.	A

4. Stellen Sie sich vor, dass Sie eine Prüfung nicht bestehen. Was könnte die Ursache für dieses negative Ergebnis sein? Kreuzen Sie die Antwort an, die Ihnen am wahrscheinlichsten erscheint. Seien Sie dabei selbstkritisch.

Der Prüfer hat seltsame Fragen gestellt. Ich konnte mein Wissen überhaupt nicht richtig anbringen.	B
Hab ich doch gleich gesagt: Ich konnte das noch nie. Ich versteh das einfach nicht. Dieses Fach liegt mir nicht.	A
Ich habe mich eindeutig falsch vorbereitet. Ich hätte zwei Themen ausführlicher lernen müssen. Mit einem anderen habe ich mich hingegen viel zu lange beschäftigt.	C

5.2 WIE STRESS UND ANGST ENTSTEHEN

Schweißnasse Hände, hochroter Kopf, ein flaues Gefühl in der Magengegend und Herzklopfen. In Prüfungen ist fast jeder Mensch aufgeregt und leidet – mehr oder weniger stark – unter den körperlichen Begleiterscheinungen.

Doch so unangenehm diese Aufregung auch ist – völlig stressfrei sollten Sie auch nicht durch eine Prüfung gehen, denn erst ein gewisses Maß an Anspannung lässt uns zur Höchstform auflaufen.

Stress

Der Begriff Stress bezeichnet die überwiegend körperlichen Reaktionen des Menschen auf stärkere Anforderungen jeglicher Art – vom Boxkampf bis zur Abiturprüfung. Diese Reaktionen haben sich seit der Steinzeit nicht wesentlich geändert.

Stressreaktionen

Wenn wir – zum Beispiel in Prüfungssituationen – gefordert werden, schüttet unser Körper Adrenalin aus und versetzt sich damit selbst in Alarmbereitschaft. Wir atmen schneller, die Herzfrequenz steigt, die Muskeln werden angespannt. Wir fühlen uns wach, unsere Wahrnehmung schärft sich und die Konzentration steigt. Wir stehen buchstäblich unter Strom. Wir sind bereit, uns der Situation zu stellen oder schnellstmöglich vor ihr zu flüchten.

Diese beinahe automatischen Reaktionen waren und sind für uns Menschen überlebensnotwendig. Sie haben uns in den vergangenen Jahrtausenden dabei geholfen, Feinde abzuwehren und schnell auf Gefahrensituationen zu reagieren.

Stress und Gefühle

Auf starke Anforderungen reagieren wir nicht nur mit körperlichen Stressreaktionen, sondern auch mit Gefühlen. Was wir fühlen, hängt davon ab, wie wir die Situation bewerten. Blicken wir ihr in gespannter Erwartung oder eher mit Angst entgegen?

a) Gespannte Erwartung

Sind wir zum Beispiel überzeugt davon, dass unsere eigenen Fähigkeiten ausreichen werden, um die Situation zu meistern, betrachten wir sie als Herausforderung. Wir sind aufgeregt und fühlen eine gespannte Erwartung.

Stress ist also nicht immer negativ. Im Gegenteil. Wir müssen ein gewisses Maß an Anspannung und Aufregung erleben, um motiviert zu sein und gute Leistungen zu liefern. Wenn wir gleichgültig in eine anstehende Prüfung gehen, werden wir nicht viel erreichen. Unter Strom können wir oft Erstaunliches erreichen. Unser Körper schüttet Adrenalin aus, wir konzentrieren uns voll auf unsere Aufgaben und mobilisieren alle vorhandenen Kräfte. Wachsen die Anforderungen, so reagieren wir mit verstärkter Anstrengung.

b) Angst

Wenn wir jedoch den Eindruck haben, dass die Anforderungen einer Prüfung unsere Fähigkeiten übersteigen, erleben wir negativen Stress.

Wir empfinden unsere Aufgaben nicht mehr als Herausforderung, sondern als Bedrohung. Sie kratzen an unserem Selbstbewusstsein und an unseren körperlichen Kräften.

Auf die bedrohliche Situation reagieren wir mit Angst. Wir haben zum Beispiel Angst davor zu versagen, uns zu blamieren oder uns selbst die Zukunft zu verbauen.

Prüfungsangst lähmt unsere Leistungsbereitschaft und unsere Motivation. Manche Schüler können sich vor lauter Angst nicht mehr auf die Prüfung vorbereiten. In der Prüfungssituation selbst sind sie blockiert und unfähig ihr Wissen anzubringen.

Die gelernte Angst

Ob wir Prüfungsangst empfinden oder nicht hängt davon ab, wie wir die Anforderungen und unsere eigenen Fähigkeiten beurteilen. Diese Einschätzung muss nicht immer richtig sein. Menschen, die unter chronischer Prüfungsangst leiden, schätzen ihre eigenen Kenntnisse immer sehr gering ein und haben übertriebene Vorstellungen vom Schwierigkeitsgrad der Aufgaben. Sie betrachten die Prüfung als Bedrohung, obwohl sie sie meistern könnten.

Negative Erfahrungen

Oft haben diese hochängstlichen Prüflinge negative Prüfungserfahrungen gemacht. Sie haben zum Beispiel eine Zeit lang in Biologieklausuren schlecht abgeschnitten. Heute gehen sie davon aus, dass ihre Fähigkeiten in Biologie unzureichend sind, obwohl sie das aktuelle Prüfungsthema beherrschen.

Möglicherweise übertragen sie ihre schlechten Biologieergebnisse sogar auf andere Fächer. Sie gehen beispielsweise davon aus, dass sie in Naturwissenschaften generell schlecht sind.

Die Folge davon ist, dass sie verzagt in jede Mathematik- oder Physikklausur gehen.

Erfolge richtig deuten

Erfolge rechnen sich hochängstliche Prüflinge meistens nicht an. Wenn sie in einer Klausur gut abschneiden, bezeichnen sie das Ergebnis als Zufall oder denken, dass der Lehrer besonders einfache Fragen gestellt hat und sie somit einfach nur Glück hatten, die Aufgaben lösen zu können. Ihr Selbstbewusstsein bleibt unterentwickelt und sie trauen sich auch zukünftig nicht viel zu.
Fallen ängstliche Prüfungskandidaten dagegen durch eine Prüfung, suchen sie die Schuld bei sich selbst und bei ihren mangelnden Kenntnissen.

Ein Leben ohne Stress gibt es nicht. Gerade vor und während einer Prüfung ist Aufregung normal und in gewissem Maße sogar positiv, denn erst dann, wenn wir angespannt und wach sind, können wir etwas leisten.
Prüfungsangst hingegen entsteht, wenn wir den Eindruck haben, dass die Aufgaben unsere Fähigkeiten übersteigen. Wir fühlen uns überfordert und haben Angst zu versagen.

Prüfungsangst ist lernbar. Viele Menschen haben in der Vergangenheit in Prüfungen schlecht abgeschnitten und halten sich deshalb generell für unfähig. Haben sie Erfolg, so glauben sie, dass nicht sie, sondern andere dafür verantwortlich sind. Daher trauen viele sich selbst nichts zu.

Dieses Schema müssen Sie durchbrechen. Sehen Sie sich nicht als Versager und beginnen Sie damit, Ihre Prüfungsangst zu bekämpfen und sich nicht länger von ihr behindern zu lassen. Sie können lernen, angstfrei in eine Prüfung zu gehen. Wie das funktioniert, erfahren Sie in den folgenden beiden Kapiteln.

5.3 NEGATIVE GEDANKEN DURCHBRECHEN

Prüfungsangst entsteht in unseren Köpfen. Sie ist das Ergebnis unserer Gedanken über die Prüfung. Diese Gedanken können wir selbst beeinflussen und ändern.

Gut vorbereiten

Das beste Mittel gegen Prüfungsangst ist eine gute Vorbereitung. Wenn Sie sich über die Anforderungen informieren und den Stoff gründlich lernen, ändert sich meist auch Ihre Einstellung zur Prüfung.
Wenn Sie wissen, dass Sie gut vorbereitet sind, dann erscheint Ihnen die Prüfungssituation nicht mehr bedrohlich. Sie stellt eine Herausforderung dar, die Sie durchaus meistern können.

Einstellung ändern

Manchmal jedoch verängstigt uns eine Prüfung, obwohl wir gut vorbereitet sind und beste Voraussetzungen haben, die Prüfung zu bestehen.
In diesem Fall sollten Sie sich fragen, wovor Sie sich eigentlich fürchten. Haben Sie die Ursachen Ihrer Prüfungsangst einmal erkannt, können Sie gezielt dagegen vorgehen.

Formen von Prüfungsangst

Prüfungsangst hat viele Gesichter. Einige Menschen fürchten sich vor dem Versagen, andere vor der Prüfungssituation, wieder andere haben Angst vor der Zeit nach der Prüfung.

▸TIPP

Lernen Sie sich selbst besser kennen und erforschen Sie die Ursachen Ihrer Prüfungsangst. Natürlich ist es unangenehm sich mit den eigenen Schwächen auseinander zu setzen. Aber es lohnt sich. Nutzen Sie dazu den folgenden Selbsttest.

Übung 17: Der Angst auf den Grund gehen

Gehen Sie die folgende Liste durch und kreuzen Sie an, was Ihnen Angst macht, wenn Sie an die bevorstehende Prüfung denken.

Ich habe Angst davor, durch die Prüfung zu fallen/schlecht abzuschneiden und das meinen Eltern, Verwandten oder Freunden eingestehen zu müssen. Ich habe Angst, dass sie mich dafür verachten.	
Ich befürchte, dass den anderen (Prüfern, Freunden, Eltern) auffällt, wie wenig ich kann. Ich habe Angst mich lächerlich zu machen.	

Ich habe Angst vor dem Moment nach der Prüfung. Dann muss ich mich entscheiden, was ich mit meinem Leben anfangen soll.	
Ich habe Angst davor, dass ich mir meine berufliche Zukunft verbaue, wenn ich durch die Prüfung falle.	
Ich finde den Gedanken unangenehm, meinen Prüfern ausgeliefert zu sein und nicht zu wissen, was auf mich zukommt.	
Ich fürchte mich davor, einen Vortrag halten zu müssen, weil ich nicht gut vor anderen Menschen sprechen kann.	
Ich fürchte mich vor dem Prüfungsgespräch, weil ich nicht sehr schlagfertig bin.	
Ich habe Angst davor, nervös zu werden, völlig den Faden zu verlieren, einen Black-out zu haben.	
Ich habe Angst davor, dass mein Prüfer Fragen stellt, mit denen ich nicht gerechnet habe.	

Angst vor der Prüfungssituation

Sie haben gerne die Kontrolle über Situationen? Sie planen gerne und fürchten böse Überraschungen? Dann macht Ihnen vermutlich vor allem das Unbestimmbare der Prüfungssituation Angst.

Doch auch Prüfungen sind planbar. Finden Sie zunächst möglichst genau heraus, was Sie erwartet. Informieren Sie sich über den Ablauf, die Anforderungen und die Bewertungskriterien der Prüfung.

▶ **TIPP**

Lernen Sie Ihren Prüfer kennen. Beobachten Sie seinen Frage- und Prüfungsstil. Wenn Sie wissen, was auf Sie zukommt, wird Ihre Angst automatisch abnehmen.

Bereiten Sie sich anschließend gut vor, damit Sie ohne schlechtes Gewissen in die Prüfung gehen können. Trainieren Sie die Prüfungssituation. Schreiben Sie Probeklausuren und üben Sie das freie Sprechen.

Angst vor dem Versagen

Wenn Sie Angst haben, in einer Prüfung schlecht abzuschneiden, kann das unterschiedliche Gründe haben. Vielleicht beherrschen Sie den Prüfungsstoff tatsächlich nicht besonders gut. Sie haben im Unterricht nicht aufgepasst und müssten einiges nachholen. In diesem Fall hilft nur eines: lernen, lernen, lernen.

Sehr oft haben Prüflinge beispielsweise Angst vor bestimmten Aufgaben, die sie nicht gut beherrschen, zum Beispiel vor dem freien Vortragen oder dem Schreiben einer Klausur. Trainieren Sie diese Aufgabentypen vor der Prüfung regelmäßig. Wichtig ist dabei, dass Sie nie zu sich selbst sagen: *Ich kann das nicht*, sondern dass Sie sich selbst motivieren: *Ich schaffe das.*

Übertriebene Erwartungen abbauen

Ihre Versagensängste können auch damit zusammenhängen, dass Sie übertrieben hohe Erwartungen an sich selbst haben. Möglicherweise wollen Sie den Erwartungen anderer, zum Beispiel denen Ihrer Eltern und Verwandten oder Ihrer Lehrer, gerecht werden.

Versuchen Sie unrealistische Erwartungen an sich selbst abzubauen. Machen Sie sich bewusst, wo Ihre Stärken und Ihre Schwächen liegen, und überlegen Sie, was Sie mit Ihren Voraussetzungen erreichen können. Versuchen Sie sich von den Erwartungen anderer freizumachen, auch wenn es nicht einfach ist. Schließlich müssen Sie Ihr Leben selbst leben.

Aus Erfolgen lernen

Lernen Sie aus Ihren eigenen Erfolgen. Wenn Sie in einer Prüfung gut abgeschnitten haben, sollten Sie sich das Ergebnis selbst anrechnen und vor allem für zukünftige Prüfungen nutzen.

▸TIPP

Denken Sie daran: Gute Noten sind selten Zufall. Erinnern Sie sich gerade vor schweren Prüfungen an vergangene Erfolge.

Machen Sie sich bewusst, wie viele Prüfungen Sie bereits bestanden, wie viele schwierige Situationen Sie schon gemeistert haben. So gehen Sie selbstbewusster an die neuen Herausforderungen heran.

Negative Gedanken durchbrechen

Gehen Ihnen häufig negative Gedanken durch den Kopf, wie zum Beispiel: *Ich kann das nicht, ich schaffe das nicht, ich war darin schon immer schlecht,* dann versuchen Sie, diese Gedankenketten bewusst zu durchbrechen.

Sagen Sie sich im Geiste *Stopp!* und ersetzen Sie die negativen Gedanken durch positive wie: *Ich schaffe das, ich kann das.*

Diese Formel sollte keine Verneinungen enthalten. Anstelle von: *Ich werde nicht durch die Prüfung fallen*, sollten Sie also besser sagen: *Ich bestehe die Prüfung*. Mithilfe dieser positiven Aussagen sollte es Ihnen gelingen, sich selbst ein wenig zu überlisten. Lernen Sie an sich zu glauben. Das ist der erste – und wichtigste – Schritt zur Selbsthilfe.

Übung 18: Stimmen Sie sich – möglichst täglich – positiv auf die Prüfung ein. Wählen Sie eine persönliche Mutmacher-Formel, wie zum Beispiel: *Ich schaffe das.* Schließen Sie die Augen und sagen Sie fünf- bis sechsmal Ihre Formel auf. Konzentrieren Sie sich dabei ganz auf die positive Botschaft des Satzes. Auf diese Weise lernen Sie mit der Zeit, optimistisch in die Zukunft zu blicken.

Bedeutung der Prüfung hinterfragen
Wie wichtig ist die Prüfung eigentlich für Ihr Leben? Denken Sie einmal gründlich darüber nach, denn vielleicht messen Sie der Prüfung eine Bedeutung bei, die ihr überhaupt nicht zusteht.

Möglicherweise benötigen Sie keinen Einserschnitt im Abitur, um Ihr Traumfach zu studieren. Vielleicht haben Sie bereits eine Lehrstelle und der Durchschnitt Ihres Abschlusszeugnisses interessiert Ihren künftigen Arbeitgeber nicht. In Situationen wie diesen erscheint eine Prüfung gleich weniger Angst einflößend.

Den schlimmsten Fall durchspielen
Was würde eigentlich passieren, wenn Sie durch die Prüfung fallen? Welche Konsequenzen würden sich für Sie daraus ergeben? Spielen Sie diesen schlimmsten Fall einfach mal im Geiste durch. Sie werden feststellen, dass die Auswirkungen meistens nicht so schlimm sind, wie Sie denken. Außerdem muss es immer irgendwie weitergehen.

In vielen Fällen können Sie Abschlussprüfungen wiederholen. Und selbst, wenn das nicht möglich sein sollte, gilt: Eine misslungene Prüfung muss nicht Ihre Zukunftspläne gefährden. Vielleicht müssen Sie etwas länger nach Ihrer Traumlehrstelle suchen oder einige Wartesemester einlegen, um Ihr Traumfach zu studieren. Aber über Umwege kommen Sie auch zum Ziel.

Die Angst vor der Angst

Sehr häufig haben Prüflinge Angst vor ihrer eigenen Angst. Einige befürchten, vor lauter Nervosität den Faden zu verlieren oder einen Black-out zu bekommen. Andere haben Angst, dass sie sich blamieren, wenn ihre Stimme oder ihre Hand zittert.

In der Prüfung neigen diese Prüflinge dazu, die Anzeichen von Nervosität genau zu kontrollieren. Sie verkrampfen dadurch immer mehr und jegliche Konzentrationsmöglichkeit wird so unterbunden. Auf diese Weise verstärken sie jedoch ihre Angst umso mehr und können sich nicht mehr auf die Aufgabe konzentrieren.

Wenn Sie spüren, dass Sie die Angst vor der Angst packt, können Sie sich mithilfe von Entspannungstechniken beruhigen (vgl. Kapitel 5.4). Atmen Sie kurz vor oder während der Prüfung tief ein und aus. Schließen Sie die Augen und denken Sie einen kurzen Moment an etwas vollkommen anderes, um sich abzulenken und zu beruhigen.

Außerdem sollten Sie versuchen, Ihre Angst anders zu bewerten. Nehmen Sie das Gefühl der Furcht als etwas Selbstverständliches hin. Fast jeder fürchtet sich vor einer Prüfung. Und auch Ihre Prüfer sind an ängstliche Prüflinge gewöhnt. Ignorieren Sie – so weit es geht – Ihre körperlichen Stressreaktionen und konzentrieren Sie sich ganz auf Ihre Aufgaben.

Die Angst vor der Zeit danach

Wenn eine Abschlussprüfung bevorsteht, fürchten einige Prüflinge nicht so sehr die Prüfung selbst, sondern vielmehr die Zeit danach. Sie machen sich viel zu viele Gedanken um ihre Zukunft und verlieren dabei den Blick für das Wesentliche, nämlich die anstehende Prüfung erst einmal erfolgreich hinter sich zu bringen. Sie wissen zum Beispiel nicht, welchen Beruf sie ergreifen sollen, oder haben Angst davor keinen Job zu finden.

Mit der Prüfung beginnt für diese Kandidaten die unsichere „Zeit danach“. Diese Zeit flößt ihnen teilweise so große Angst ein, dass sie sich nicht auf die Prüfung vorbereiten und bewusst in Kauf nehmen durchzufallen, um diese Situation noch hinauszuzögern.

Zukunft planen

Zukunftsangst lässt sich nicht von heute auf morgen bekämpfen. Im Idealfall setzen Sie sich frühzeitig, also lange vor der Prüfung, mit Ihrer Zukunft auseinander. Überlegen Sie sich, was Sie können und in welchem Bereich Sie gerne arbeiten möchten.

Steht die Prüfung jedoch kurz bevor, sollten Sie Ihre kostbare Vorbereitungszeit nicht mit Ihrer Zukunftsplanung verschwenden. Zunächst sollten Sie Ihre Prüfung bestehen. Mit einem guten Ergebnis in der Abschlussprüfung haben Sie bessere Voraussetzungen für die Zeit danach.

▸ CHECKLISTE: STRATEGIEN GEGEN PRÜFUNGSANGST

- Informieren Sie sich über den Ablauf, die Anforderungen und die Bewertungskriterien der Prüfung.
- Lernen Sie Ihren Prüfer, vor allem seine Anforderungen und seinen Fragestil, kennen.
- Bereiten Sie sich gut vor. So können Sie selbstbewusst in die Prüfung gehen.
- Gehen Sie nicht mit übertriebenen Erwartungen in die Prüfung. Versuchen Sie, Ihre Stärken und Schwächen realistisch einzuschätzen.
- Lernen Sie aus Ihren Erfolgen. Erinnern Sie sich gerade vor einer Prüfung daran, wie viele schwierige Situationen Sie in der Vergangenheit bereits gelöst haben.
- Durchbrechen Sie negative Gedankenketten. Ersetzen Sie *Ich schaffe das nicht* durch *Ich schaffe das.*
- Schätzen Sie die Bedeutung der Prüfung für Ihr Leben realistisch ein. Denken Sie daran: Es gibt ein Leben nach der Prüfung – so oder so.
- Spielen Sie den schlimmsten Fall durch. Was passiert, wenn Sie durch die Prüfung fallen? So schlimm sind die Konsequenzen meistens nicht.
- Bereiten Sie sich frühzeitig auf die Zeit nach einer Abschlussprüfung vor. Fragen Sie sich, wo Ihre Stärken und Schwächen liegen und welchen Beruf Sie gerne ergreifen würden. Steht die Prüfung jedoch kurz bevor, sollten Sie sich ganz auf die Vorbereitungen konzentrieren. Eine gute Abschlussprüfung bringt Sie in jedem Fall weiter.

5.4 ENTSPANNEN LERNEN

Sie können Prüfungsangst bewältigen, indem Sie sich gut vorbereiten und Ihre Einstellung zur Prüfung positiv verändern. Darüber hinaus können Sie gezielt Entspannungstechniken einsetzen, um Ängste zu bewältigen. Mithilfe dieser Methoden kommen Sie ausgeglichen durch die Prüfung.

Entspannung und Angst schließen sich gegenseitig aus. Wenn Ihr Körper vollkommen entspannt ist, können Sie keine Angst entwickeln. Deshalb sind Entspannungstechniken ideale Methoden, um der Furcht vorzubeugen oder sie abzubauen.

6 Wege zur Entspannung

1. Autogenes Training
2. Progressive Muskelentspannung
3. Yoga
4. Atemübungen
5. Fantasiereise
6. Bewegung

1. Autogenes Training

Bei dieser Entspannungsmethode konzentrieren Sie Ihre gesamte Aufmerksamkeit auf bestimmte Körperteile. Stellen Sie sich beispielsweise vor, dass Arme und Beine schwer oder warm werden. Dabei lenken Sie Ihre Gedanken und Ihre Wahrnehmung ganz auf Ihren Körper. Störende Gedanken, zum Beispiel über die bevorstehende Prüfung, oder Umwelteindrücke sollten Sie möglichst ausschalten.

Funktionsweise

Legen Sie sich mit dem Rücken auf den Boden und schließen Sie die Augen oder setzen Sie sich bequem auf einen Sessel. Auf diese Weise fällt es Ihnen leichter zu entspannen und die gesamte Wahrnehmung auf Ihren Körper zu lenken. Wiederholen Sie jetzt etwa vier- bis sechsmal hintereinander Formeln wie diese:

- *Mein rechter Arm ist schwer. Beide Arme sind schwer. Arme und Beine sind schwer.*
- *Mein rechter Arm ist warm. Beide Arme sind warm. Arme und Beine sind warm.*
- *Ich atme ruhig und entspannt.*
- *Mein Herz schlägt ruhig und regelmäßig.*

Wiederholen Sie nicht nur die Worte. Konzentrieren Sie sich auf die jeweiligen Körperteile und fühlen Sie, wie sie wärmer oder schwerer werden.

Autogenes Training hilft Ihnen dabei, körperliche Spannungen abzubauen und eine größere Gelassenheit zu entwickeln. Wenn Ihnen beispielsweise vor lauter Aufregung das Herz rast, können Sie Ihren Puls mithilfe der Entspannungstechnik wieder beruhigen.

Die Grundzüge des Autogenen Trainings können Sie sich selbst aneignen. Entsprechende Anleitungsbücher oder -CDs erhalten Sie im Buchhandel. Viele Institutionen, wie zum Beispiel die Volkshochschule, bieten zudem Einführungskurse in das Autogene Training an.

2. Progressive Muskelentspannung

Bei diesem Training spannen und entspannen wir unsere Muskeln nacheinander in einer bestimmten Reihenfolge.

Beispiel

Wir spannen zunächst den rechten, dann den linken Arm, die Schultern, das Gesicht, den Rumpf, das rechte und das linke Bein an. Die jeweiligen Muskelpartien werden für etwa fünf bis zehn Minuten angespannt und anschließend für circa 30 Sekunden entspannt.

Der Vorteil der Progressiven Muskelentspannung gegenüber anderen Methoden ist, dass sich die Technik überall relativ unkompliziert anwenden lässt – selbst fünf Minuten vor der Prüfung auf dem Flur. Ebenso wie das Autogene Training können Sie sich die Progressive Muskelentspannung relativ leicht selbst beibringen, aber auch Einführungskurse besuchen.

> **TIPP**
>
> **Yoga sollten Sie am besten in einer Gruppe von einem erfahrenen Yoga-Lehrer lernen. Informieren Sie sich zum Beispiel bei Ihrem Arzt darüber, welche Anbieter sich eignen.**

3. Yoga

Das aus der hinduistischen Kultur stammende Yoga eignet sich ebenfalls sehr gut, um Körper und Geist zu entspannen. Beim Yoga trainiert man ganz bestimmte Körperstellungen, die man zunächst erlernen muss.

Dabei spannen wir den Körper an und versuchen diese Spannung eine Zeit lang aufrecht zu erhalten, bis wir die nächste Körperhaltung einnehmen. Aktive Atemübungen helfen uns dabei, die Anspannung auszuhalten.

Ähnlich wie beim Autogenen Training und bei der Progressiven Muskelentspannung konzentrieren wir uns ganz auf unseren Körper. Wir schalten unsere Umwelt aus und schieben störende Gedanken beiseite.

4. Atemübungen

Atemübungen eignen sich besonders für Situationen, in denen Sie keine Zeit für Yoga-Übungen oder Autogenes Training haben. Die folgende Atemübung können Sie sogar während der Prüfung anwenden.

Atmen Sie etwa fünfmal hintereinander tief ein und aus. Dabei sollten Sie etwa drei Sekunden ein- und drei Sekunden ausatmen. Sagen Sie dabei zu sich selbst:

Ich bin ruhig. oder *Ich werde es schaffen.*

Legen Sie nach dem Ausatmen jeweils eine Pause ein. Nach kurzer Zeit wird sich Ihr Puls merklich beruhigen und Sie entspannen sich.

5. Fantasiereise

Wenn Sie sich beim Lernen nicht mehr konzentrieren können, sollten Sie einmal eine Fantasiereise ausprobieren. Legen Sie sich einfach mit dem Rücken auf den Boden Ihres Zimmers und denken Sie an etwas Schönes. Stellen Sie sich zum Beispiel vor, wie Sie die Zeit nach der Prüfung am liebsten verbringen würden.

Schieben Sie alle negativen Gedanken bewusst beiseite und konzentrieren Sie sich nur auf Ihre schöne, bunte Gedankenwelt. Atmen Sie dabei regelmäßig ein und aus. Wenn sie möchten, können Sie leise Entspannungsmusik einschalten, die Sie bei Ihrer Reise unterstützt.

Übung 19: Auch das Entspannen will gelernt sein. Trainieren Sie vor dem Einschlafen regelmäßig eine oder mehrere der beschriebenen Entspannungstechniken. Fangen Sie mit Atemtechniken und Fantasiereisen an.

Legen Sie sich entspannt auf den Rücken und atmen Sie zunächst fünfmal hintereinander langsam ein und aus. Achten Sie darauf, dass Sie etwa drei Sekunden ein- und drei Sekunden ausatmen. Sagen Sie sich während des Atmens im Geiste vor: *Ich bin ruhig.*

Gehen Sie anschließend auf Traumreise und denken Sie an etwas Schönes. Lassen Sie Ihre Gedanken schweifen – so gleiten Sie entspannt in den Schlaf.

6. Bewegung

Nicht immer können wir Stress und Angst durch Entspannungstechniken abbauen. Manchmal müssen wir uns einfach bewegen und austoben. Suchen Sie sich eine Sportart, bei der Sie sich richtig „auspowern" können. Joggen Sie, spielen Sie Fußball oder fahren Sie Rad.

Beim Ausdauersport schüttet unser Körper Endorphine, so genannte „Glückshormone", aus. Gleichzeitig werden Stresshormone abgebaut. Sie sollten sich beim Sport jedoch nicht gleich überfordern, denn dann erreichen Sie, was Sie gerade vermeiden wollen: Sie setzen sich zusätzlich unter Druck.

Sportmediziner empfehlen, zwei- bis dreimal pro Woche etwa eine halbe Stunde Sport zu treiben. Gerade Einsteiger sollten jedoch auf ihren eigenen Körper hören. Wenn Sie sich überfordert fühlen, sollten Sie aufhören. Dann verlieren Sie auch nicht so schnell die Lust an der Bewegung.

TIPP

Sie sind ein Sportmuffel? Keine Sorge, Sie müssen nicht unbedingt Ausdauersport treiben, um dem Prüfungsstress entgegenzuwirken. Jede Form der körperlichen Anstrengung ist grundsätzlich geeignet, einen Ausgleich zum Prüfungsstress zu schaffen. Sie können zum Beispiel wild durch Ihr Zimmer tanzen, im Garten arbeiten oder einen Schrank aufbauen, wenn Ihnen danach ist. Wichtig ist in erster Linie, dass Sie sich überhaupt bewegen.

5.5 ERSTE HILFE BEI PRÜFUNGSSTRESS

Der Tag vor der Prüfung

Stimmen Sie sich schon einen Tag vor der Prüfung positiv auf die Herausforderung ein. Wiederholen Sie zunächst noch einmal den gesamten Prüfungsstoff. Versuchen Sie sich an diesem Tag möglichst keinen neuen Stoff mehr einzuprägen, denn das würde Sie nur verwirren und Ihre Nervosität unnötig steigern. Sagen Sie sich abschließend noch einmal:

Ich bin gut vorbereitet!

Sport treiben

Planen Sie am Tag vor der Prüfung Zeit für Sport ein. Toben Sie sich richtig aus, denn dabei bauen Sie Stress ab. Außerdem können Sie später gut einschlafen.

Gut schlafen

Lesen Sie vor dem Schlafengehen ein Buch, das Ihnen gefällt (keine Prüfungslektüre!) oder hören Sie leise, beruhigende Musik. Sie können nicht einschlafen? Dann nutzen Sie eine der Entspannungstechniken, die in Kapitel 5.4 vorgestellt wurden.

▸TIPP

Autogenes Training oder Atemtechniken sind besonders geeignet, Ihnen das Einschlafen zu erleichtern.

5

Der Prüfungstag

Stehen Sie am Tag der Prüfung zehn bis zwanzig Minuten früher auf als sonst. Sagen Sie sich selbst noch einmal: *Ich habe mich gut vorbereitet und werde die Prüfung bestehen.* Frühstücken Sie gut, denn für den heutigen Tag benötigen Sie viel Energie.

▸TIPP

Meiden Sie an diesem Tag Menschen, die Sie nervös machen könnten. Unterhalten Sie sich lieber mit Freunden, die Sie aufmuntern und notfalls aufbauen können.

In der Prüfung

In der Prüfung selbst sollten Sie zunächst ein paar Mal tief ein- und ausatmen. Konzentrieren Sie sich anschließend auf die Aufgaben. Achten Sie nicht auf Ihre eigene Aufregung, Ihre schwitzenden Hände oder Ihr Herzklopfen. Dadurch verstärken Sie nur Ihre Nervosität.

Zeit einteilen

Teilen Sie sich Ihre Zeit gut ein. Auf diese Weise können Sie Ihre Nervosität dämpfen. Überschlagen Sie zu Beginn kurz, wie viel Zeit Sie für jede Aufgabe verwenden können. Lösen Sie die leichten Aufgaben zuerst. Das gibt Ihnen Sicherheit.

Wenn Sie allzu nervös werden oder den Faden verlieren, sollten Sie sich eine kleine Pause gönnen. Atmen Sie tief ein und aus, sagen Sie sich selbst etwas Ermutigendes und machen Sie sich dann wieder an die Arbeit.

Mit guten Ergebnissen umgehen

Sie haben in der Prüfung gut abgeschnitten? Dann vergessen Sie auf keinen Fall, sich selbst zu belohnen. Gehen Sie mit Freunden aus und feiern Sie das gute Ergebnis oder gönnen Sie sich etwas.

Außerdem sollten Sie das gute Ergebnis so schnell nicht wieder vergessen. Spätestens dann, wenn Sie das nächste Mal die Prüfungsangst packt, sollten Sie sich in Erinnerung rufen, wie gut Sie in der letzten Prüfung abgeschnitten haben.

Nicht verzweifeln

Sie haben schlecht abgeschnitten, sind vielleicht sogar durch die Prüfung gefallen? Dann finden Sie zunächst heraus, ob Sie die Prüfung eventuell wiederholen können.

Wenn Sie keine Möglichkeit haben, das Prüfungsergebnis zu ändern, sollten Sie nicht gleich verzweifeln. Lenken Sie sich zunächst einmal ab.

Unternehmen Sie zum Beispiel etwas mit Freunden, hören Sie Ihre Lieblingsband oder gehen Sie in einen guten Film. Rufen Sie sich in Erinnerung, dass das Leben nicht nur aus Leistungen und Noten besteht. Eine einzige Prüfung entscheidet nicht über Ihre Zukunft und Ihr Glück.

Nach Gründen suchen

Wenn Sie ein bisschen Abstand gewonnen haben, sollten Sie noch einmal über die Prüfung nachdenken. Versuchen Sie, aus dem negativen Ergebnis positive Schlüsse zu ziehen, indem Sie nachforschen, wie es dazu gekommen sein konnte. Fragen Sie sich ernsthaft, was die Ursache für dieses negative Ergebnis war. Je offener Sie sich mit dem Erlebnis auseinander setzen, desto besser können Sie es verarbeiten.

Verbesserungen planen

Analysieren Sie selbstkritisch Ihr Prüfungsergebnis. Überlegen Sie sich genau, wo Ihre Schwächen liegen, die schließlich zu diesem schlechten Ergebnis geführt haben. Falls Sie sich schwer tun einzuschätzen, welche Gründe ursächlich sind, können Sie auch nochmals Ihren Prüfer aufsuchen, um in Erfahrung zu bringen, was Sie falsch gemacht haben, damit Sie sich beim nächsten Mal besser vorbereiten können.

Alternativen entwickeln

Bringt das Prüfungsergebnis Ihre Zukunftsplanung durcheinander? Können Sie zum Beispiel jetzt ein bestimmtes Fach nicht mehr studieren, weil Ihnen der entsprechende Notendurchschnitt fehlt? Haben Sie Probleme, Ihre Traumlehrstelle zu finden?

Dann sollten Sie mit dem notwendigen Abstand zur Prüfung neue Strategien und Alternativen entwickeln. Schauen Sie nach vorn und setzen Sie sich Ziele.

▸CHECKLISTE: ERSTE HILFE BEI PRÜFUNGSSTRESS

- Stimmen Sie sich schon einen Tag vor der Prüfung positiv auf die Herausforderung ein: *Ich schaffe das!*
- Gehen Sie am Tag vor der Prüfung den Stoff noch einmal durch. Lernen Sie aber nichts Neues mehr.
- Treiben Sie am Tag vor der Prüfung möglichst Sport und gehen Sie früh schlafen, um Kraft zu tanken für den nächsten Tag. Nutzen Sie Entspannungstechniken, falls Sie schlecht einschlafen können.
- Stehen Sie am Tag der Prüfung früh auf (10 bis 20 Minuten früher als sonst) und frühstücken Sie gut.
- Meiden Sie Mitschüler, die Sie nervös machen könnten.
- Achten Sie in der Prüfung selbst nicht auf Ihre eigene Aufregung. Versuchen Sie sich einzig und allein auf die Prüfungsaufgaben zu konzentrieren.
- Teilen Sie sich Ihre Arbeit gut ein. Überschlagen Sie zu Beginn kurz, wie viel Zeit Sie für jede Aufgabe verwenden können. Lösen Sie einfache Aufgaben zuerst.
- Wenn Sie in der Prüfung nervös werden oder eine Aufgabe überhaupt nicht lösen können, sollten Sie sich eine Pause gönnen und tief ein- und ausatmen. Machen Sie zunächst mit einer anderen Aufgabe weiter und kommen Sie später auf Ihren „Problemfall" zurück.
- Führen Sie nach der Prüfung eine selbstkritische Fehleranalyse durch, um Ihre Schwächen einzuschätzen.
- Verzweifeln Sie nicht, wenn Sie in der Prüfung schlecht abschneiden. Es gibt wichtigere Dinge im Leben als Prüfungen. Versuchen Sie aus der Erfahrung zu lernen und setzen Sie sich neue Ziele.

ANHANG: LÖSUNGEN

● Übung 2 (S. 24):

Prüfen Sie, wie viele Fragen Sie mit a, b oder c beantwortet haben. Lesen Sie sich den Absatz durch, dessen Buchstaben Sie am häufigsten gewählt haben.

a) der Planer/die Planerin
Sie haben normalerweise keine Probleme, Ihre Zeit gut einzuteilen. Sie erledigen unangenehme Aufgaben sofort und fangen frühzeitig an zu lernen, wenn eine Prüfung bevorsteht. Zwischendurch finden Sie sogar noch Zeit, Ihre Freunde zu treffen oder zu entspannen und einfach an etwas anderes zu denken. Sehr gut! Sie werden keine Probleme haben, sich gründlich auf eine Prüfung vorzubereiten.

Sie haben Situationen gerne im Griff. Ihre Strebsamkeit und Ihr enormer Ehrgeiz sind lobenswert. Doch leider können Sie Prüfungen nur bis zu einem gewissen Grad planen. Für Sie ist es schwierig, wenn sich eine langfristig angesetzte Prüfung um ein bis zwei Tage verschiebt, da Sie sich einen genauen Zeitplan angefertigt haben. Jede freie Minute ist bei Ihnen exakt geplant. Stellen Sie sich emotional darauf ein, dass etwas Unvorhergesehenes passieren kann und Sie improvisieren müssen. Ansonsten besteht die Gefahr, dass Sie sich von einer unerwarteten Wendung der Prüfung aus der Bahn werfen lassen.

▸TIPP

Bedenken Sie bei der Vorbereitung einer Prüfung, dass Sie nicht alles planen können. Es gibt Situationen, die Ihren mühsam angefertigten Lernplan zunichte machen können. Sie sollten daher stets mit dem Gedanken spielen, irgendwann einmal improvisieren zu müssen.

b) der Spontane/die Spontane

Sie lassen sich nicht gern verplanen. Erst recht nicht von einer bevorstehenden Prüfung. Sie genießen das Leben und widmen sich am liebsten den Dingen, die Ihnen Freude bereiten. Unangenehme Dinge schieben Sie des Öfteren gerne auf die lange Bank und das Lernen gehört aus Ihrer Sicht eindeutig in die Kategorie „unangenehm".

Ihre Spontaneität kann Ihnen in der Prüfung unter Umständen nutzen, da Sie locker an die Sache herangehen können. Sie haben doch nichts zu verlieren. Dennoch sollten Sie sich in Ihrem eigenen Interesse frühzeitig vorbereiten, um optimale Leistungen zu erzielen. Auch für Sie gilt, dass sich der Lernstoff bei der Prüfung nicht einfach aus dem Ärmel schütteln lässt.

▸TIPP

Springen Sie wenigstens ab und zu über Ihren eigenen Schatten. Bereiten Sie sich auf Prüfungen frühzeitig vor. Der Erfolg wird nicht lange auf sich warten lassen.

c) der Gestresste/die Gestresste

Sie würden sich gern auf die Prüfung vorbereiten. Aber wann? Irgendwie wächst Ihnen immer alles über den Kopf. Sie haben tausend Termine und sind immer irgendwo fest eingeplant: Sportverein, verschiedene Arbeitsgemeinschaften, Musikunterricht usw. Wer soll da noch Zeit für die Vorbereitung auf die Prüfung haben?

> **TIPP**
>
> **Überlegen Sie sich, was Ihnen wirklich wichtig ist und setzen Sie Prioritäten. Vielleicht sollten Sie einige Termine streichen, wenn Sie gut vorbereitet in die Prüfung gehen möchten.**

In erster Linie gilt für Sie: Bewahren Sie Ruhe! Überlegen Sie sich genau, wann Sie welche Aufgabe erledigen wollen. Um den Überblick über die anstehenden Aufgaben zu behalten, können Sie sich einen Arbeitsplan anlegen, auf dem Sie ganz genau festhalten, welche Aufgaben noch anstehen. Setzen Sie dabei die richtigen Prioritäten. Planen Sie mehr Zeit für die Dingen die Ihnen schwer fallen, und erledigen Sie leichtere Aufgaben nach den zeitaufwendigeren. Ihre Freizeitgestaltung sollte davon abhängen, welche schulischen Aufgaben Sie noch erledigen müssen. So sollten Sie zum Beispiel den Kinobesuch aufschieben bis Sie wirklich alles andere erledigt haben. Danach können Sie sich belohnen und Ihre Freizeit ohne Zeitdruck oder Stress genießen. Der positive Nebeneffekt Ihrer optimierten Arbeits- und Freizeiteinteilung wird sein, dass Sie sehr viel entspannter an Ihre Aufgaben herangehen können.

Übung 4 (S. 54):

Ketten-Technik
Herr M. würde gerne in den Urlaub fahren, weiß jedoch noch nicht, wohin die Reise gehen soll. Deshalb lässt er sich in der Mittagspause in einem Reisebüro am **Bahnhof** beraten. Die freundliche Mitarbeiterin empfiehlt ihm eine Safari in **Kenia**. Herr M. ist begeistert und bucht sofort eine Reise in das ostafrikanische Land. Anschließend schlendert er noch ein bisschen durch die Fußgängerzone und kauft sich ein **Eis**. Dann geht er zurück ins **Büro**.

Übung 6 (S. 58):

HCl = Salzsäure
1. Schritt: Setzen Sie zuerst die abstrakten Buchstaben HCl des chemischen Elements Salzsäure in Bilder um, wie zum Beispiel:

H = Hase
C = Chamäleon
l = Lasso

2. Schritt: Verketten Sie diese Bilder anschließend zu einer Bildergeschichte. Erfinden Sie eine verrückte Geschichte, in der das Wort *Salzsäure* und die drei Bilder der Reihe nach vorkommen. Falls Ihnen keine eigene Geschichte einfällt, können Sie auch die folgende Beispielgeschichte zu Hilfe nehmen.

Vor langer Zeit lebte in unserem Wald ein ***Hase****, der ein begeisterter Hobby-Chemiker war. Für ein Experiment benötigte er drin-*

gend Salzsäure. Deshalb lief er zum Haus des ***Chamäleons****, das von Beruf Apotheker war. Er brach in das Haus ein und stahl die Salzsäure. Als er gerade flüchten wollte, kam das Chamäleon nach Hause und fing den Hasen mit einem* ***Lasso*** *ein. Die Salzsäure verschloss das Chamäleon daraufhin im Apothekerschrank.*

NH_4Cl = Salmiak

1. Schritt: Finden Sie zuerst Bilder für die Buchstaben-Zahlen-Kombination des chemischen Zeichens NH_4Cl für Salmiak, wie beispielsweise auf der folgenden Seite:

N = Nase
H = Hase
4 = Schiff
C = Chamäleon
l = Lasso

2. Schritt: Erfinden Sie entweder eine eigene verrückte Geschichte, in der diese Bilder vorkommen, oder orientieren Sie sich an folgender „Bildergeschichte".

Eines Tages rümpften alle Tiere des Waldes die ***Nase****, denn der* ***Hase*** *reinigte seine Möbel mit Salmiakgeist und der Geruch drang durch den ganzen Wald. Der Salmiakgeist war mit einem* ***Schiff*** *von weit her zu den Tieren des Waldes gebracht worden. Das* ***Chamäleon*** *verkaufte ihn zwar in seiner Apotheke, drohte dem Hasen aber dennoch mit dem* ***Lasso****, weil er solch einen Gestank verursachte.*

Übung 7 (S. 62):

1. Stellen Sie sich ein Fantasiezimmer und die darin stehenden Möbel vor. Laufen Sie in Gedanken mehrfach durch den Raum. Wählen Sie dabei stets dieselbe Route. Merken Sie sich, in welcher Reihenfolge Sie an den einzelnen Möbelstücken vorbeilaufen.

2. Suchen Sie jetzt nach Symbolen, die die Themen des Namibia-Referats darstellen. Prägen Sie sich die Bedeutung der Symbole gut ein. Hier eine mögliche Lösung:

Geografische Lage: eine Afrika-Karte, auf der Namibia rot eingezeichnet ist.

Größe und Bevölkerungszahl: ein Spielbrett mit den Konturen Namibias, auf dem Holzfiguren stehen, die Menschen darstellen.

Naturraum: ein Baum oder eine Kiste mit Miniaturlandschaft.

Klima: eine Wolke.

Flora und Fauna: ein Teddybär mit einer Blume in der Hand.

Regierung: ein Palast.

Wirtschaft: ein Geldschein.

3. Verbinden Sie nun die Symbole mit den Möbeln Ihres Raumes. Stellen Sie sich zum Beispiel vor, dass die Symbole auf den Möbeln des Zimmers liegen. Folgende Verbindungen wären möglich:

Tür	– Karte Namibias
Sessel	– Spielbrett mit Holzfiguren
Schreibtisch	– Baum
Fernseher	– Wolke
Bett	– Teddybär mit Blume
Nachttisch	– Palast
Bettvorleger	– Geldschein

4. Gehen Sie in Gedanken mehrmals durch ihren Fantasieraum und prägen Sie sich die Verbindung der Möbel und Symbole gut ein.
   Merken Sie sich die Reihenfolge, in der Sie die Möbel passieren. Auf diese Weise können Sie den Ablauf des Referats über einen längeren Zeitraum behalten.

● Übung 8 (S. 67):

flash (engl.) – Blitz
Das englische Wort klingt fast wie das deutsche Wort ***Flasche***. Stellen Sie sich vor, dass ein Blitz in eine Flasche einschlägt.

brick (engl.) – Ziegel
Der englische Begriff ***brick*** klingt wie das deutsche Wort

Brikett. Stellen Sie sich vor, dass ein Haus nicht mit Ziegelsteinen, sondern mit Briketts gebaut wird.

retard (franz.) – Verspätung
Deutsch ausgesprochen klingt das französische Wort ***retard*** ähnlich wie ***Ritter***. Stellen Sie sich einen Ritter vor, der mit Verspätung ankommt.

glisser (franz.) – ausrutschen
Das französische Wort klingt wie „glitzern". Stellen Sie sich deshalb eine vereiste Straße vor, die im Licht der Sonne glitzert. Anschließend stellen wir uns vor wie jemand auf der glitzernden Straße ausrutscht.

turba (lat.) – Gedränge, große Menschenmenge
Das lateinische Wort ***turba*** klingt wie das deutsche Wort ***Turban***. Stellen Sie sich einen Mann mit einem Turban auf dem Kopf vor, der eine große Menschenmenge auf diesem Turban transportieren muss. Hinzu kommt, dass er sich mit dieser Last durch ein großes Gedränge auf dem Markt schieben muss.

servus (lat.) – Sklave
Das lateinische Wort ***servus*** erinnert in erster Linie an die Begrüßungsformel ***Servus!*** (im Sinne von ***Hallo!***). Stellen Sie sich nun einmal vor, Sie besuchten das alte Rom und grüßten einen alten Römer mit ***Servus!*** Dieser droht Ihnen daraufhin und schimpft: ***Ich bin kein Sklave!***

● Übung 9 (S. 91):

1. Die Maschine wurde von dem Mechaniker gereinigt.

Der Mechaniker reinigte die Maschine.

2. Die Prüfungsblätter wurden verteilt. Anschließend wurde die Klassenarbeit geschrieben.

Der Lehrer verteilte die Prüfungsblätter.
Anschließend schrieben die Schüler die Klassenarbeit.

3. Die Wälder wurden schon vor Jahren von den Bauern abgeholzt.

Die Bauern holzten die Wälder schon vor Jahren ab.

● Übung 10 (S. 92):

beschreiben
schildern, darstellen, charakterisieren, skizzieren, ausführen

erkennen
sehen, erblicken, verstehen, feststellen, einsehen

herstellen
produzieren, fabrizieren, (auf)bauen, anfertigen

Übung 16 (S. 140):

Überprüfen Sie zunächst, wie oft Sie welchen Buchstaben angekreuzt haben. Der Buchstabe, für dessen Antwort Sie sich am häufigsten entschieden haben, steht für Ihre persönliche Selbsttest-Auflösung. Hier können Sie nun nachlesen, welcher Prüfungstyp Sie sind.

a) der Ängstliche/die Ängstliche

Sie trauen sich selbst nichts zu. Häufig kommen Ihnen Sätze, wie – *Das schaffe ich nicht. Ich werde versagen.* – über die Lippen. Sie schätzen Ihre Fähigkeiten sehr gering, den Schwierigkeitsgrad einer Prüfung aber sehr hoch ein. Deshalb jagen Ihnen Prüfungen Angst ein. Ihre Nerven liegen blank – Sie sind ständig vollkommen nervös und unkonzentriert, können nichts essen und nicht schlafen. Sie fürchten nichts mehr als zu versagen und sich zu blamieren.

Ihre ängstliche Haltung lässt sich möglicherweise darauf zurückführen, dass Sie bereits schlechte Prüfungserfahrungen gemacht haben. Sie neigen dazu, schlechte Ergebnisse aus der Vergangenheit auf die aktuelle Situation zu übertragen und erwarten beinahe, dass Sie wieder schlecht abschneiden.

Sie verstärken Ihre Überzeugung durch negative Gedanken, wie: *Ich schaffe das nicht.*, *Ich bin schlecht.* Wenn Sie in der Prüfung tatsächlich schlecht abschneiden, sehen Sie Ihre vermeintliche Unfähigkeit erneut bestätigt. Aus diesem negativen Kreislauf müssen Sie ausbrechen.

▸TIPP

Motivieren Sie sich. Sprechen Sie sich Mut zu, trauen Sie sich mehr zu und glauben Sie dabei vor allem an sich selbst. Haken Sie schlechte Leistungen sofort ab und belohnen Sie sich, wenn Sie gut abschneiden.

b) der Optimist/die Optimistin

Sie gehen selbstbewusst durchs Leben und quälen sich nicht mit Selbstzweifeln. Stattdessen vertrauen Sie auf Ihre eigenen Fähigkeiten. Sie sind überzeugt, dass Sie jeder Anforderung gerecht werden können. Prüfungen betrachten Sie als interessante Herausforderung, die Sie aber mühelos meistern werden.

Diese Überzeugung sitzt so tief, dass Sie sich nicht mehr die Mühe machen, sie in der Wirklichkeit zu überprüfen. Sie glauben oft, dass Sie nicht mehr für eine Prüfung lernen müssen, weil Sie sowieso alles wissen.

Bestehen Sie die Prüfung nicht, suchen Sie die Verantwortung selten bei sich selbst. Meistens hat der Prüfer Schuld, weil er seltsame Fragen gestellt hat.

Wenn Sie in der nächsten Prüfung gut abschneiden möchten, sollten Sie realistischer an Ihre Aufgaben herangehen.

Versuchen Sie, Ihre Fähigkeiten und die Anforderungen möglichst wahrheitsgetreu einzuschätzen. Erst dann sind Sie in der Lage, Ihre eigenen Lücken zu erkennen und zu schließen.

TIPP

Ihr Optimismus in allen Ehren, doch Sie sollten lernen sich selbstkritischer einzuschätzen und realistisch an Ihre Aufgaben heranzugehen. Manchmal sollten Sie sich eingestehen, dass die Wirklichkeit von Ihrer Vorstellung von Prüfungsvorbereitung abweicht.

c) der Pragmatiker/die Pragmatikerin

Sie gehen sachlich an eine Prüfung heran. Zunächst schätzen Sie Ihre Fähigkeiten und die Anforderungen realistisch ein. Anschließend machen Sie sich an die Arbeit. Sie stellen sich einen konkreten Zeitplan auf, damit Sie Ihr Pensum bewältigen können.

Nervosität vor der Prüfung bekommen Sie meistens problemlos in den Griff. Sie wissen, dass Sie sehr gut vorbereitet sind und dieses Wissen macht Sie selbstbewusst. Wenn Sie doch einmal schlecht abgeschnitten haben, ziehen Sie selbstkritisch Bilanz und erkennen, welche Gründe es dafür gab.

TIPP

Sie sind auf dem richtigen Weg. Mit Ihrer sachlichen Herangehensweise stellen Sie sich – gut vorbereitet – jeder neuen Herausforderung. Machen Sie weiter so!

INFO-SEITEN

Bibliotheken im Internet
www.bibliothek.uni-augsburg.de/info/index.html
(Verzeichnis von Bibliotheken im In- und Ausland, Nationalbibliotheken, Spezialfachbibliotheken; auch Metasuche im Bibliothekskatalog möglich)

www.ubka.uni-karlsruhe.de/kvk.html
(Zugriff auf nationale sowie internationale Bibliothekskataloge möglich)

www.ddb.de
(Die Deutsche Bibliothek; Zugriff auf Kataloge und Datenbanken)

Lexika im Internet
www.schuelerlexikon.de
(Fachlexika, Suchmaschinen und Webkatalog)

www.phil.uni-erlangen.de/~p2gerlw/ressourc/lex.html
(Fachlexika und Wörterbücher)

www.uni-duesseldorf.de/www/ulb/virtbib.html
(Linksammlung zu allen Wissenschaftsfächern)

www.bonnsite.de/internet/irinfol.html
(Zugriff auf unterschiedliche Lexika)

Allgemeine Suchmaschinen

www.ub.uni-konstanz.de/dt-suchm.htm
(deutschsprachige Suchmaschine; umfasst Deutschland, deutschsprachige Schweiz, Österreich und Liechtenstein)

www.abacho.de
www.altavista.de
www.fastbot.de
www.fireball.de
www.google.de
www.hotbot.de
www.klug-suchen.de
www.lycos.de
www.speedengine.de
www.yahoo.de

Meta-Suchmaschinen

http://meta.rrzn.uni-hannover.de
(MetaGer; deutschsprachige Suchmaschine; Suche auch auf Forschungsservern möglich)

www.ajondo.de
www.apollo7.de
www.avana.de
www.deutscher-inhalt.de/metasuche/
www.ersucht.Info
www.metabot.de
www.metacrawler.de

Kataloge
www.allesfinder.de (regionaler Suchdienst)
www.allesklar.de
www.altavista.de
www.euroseek.com (europaweite Suche möglich)
www.fireball.de
www.information.de

Übergreifende Suchmaschinen
www.suchmaschine.de
(deutschsprachige und internationale Suchmaschinen, Spezialsuchmaschinen, regionale Suchmaschinen)

www.suchfibel.de

Presse im Internet
www.presseleser.de
(Online-Presse zu unterschiedlichen Themen, Lexika, Natur, Technik, Politik, Nachrichten, Links zu verschiedenen Zeitungen und Zeitschriften etc.)

www.focus.de
www.fr-aktuell.de (Frankfurter Rundschau)
www.faz.net (Frankfurter Allgemeine Zeitung)
www.pm-magazin.de
www.spiegel.de
www.stern.de
www.sueddeutsche.de

www.wissenschaft.de (Bild der Wissenschaft)
www.zdb-opac.de (Zeitschriftendatenbank)
www.zeit.de
www.wissenschaft-online.de
(Spektrum der Wissenschaft)

Organisationen
www.drk.de (Deutsches Rotes Kreuz)
www.drk-durlach.de/internationales_rk
(Internationales Rotes Kreuz)

Öffentliche Einrichtungen
www.bpb.de (Bundeszentrale für politische Bildung)
www.bundestag.de
www.auswaertiges-amt.de

Hilfreich für die Erstellung von Statistiken
www.destatis.de (Statistisches Bundesamt)
www.wetteronline.de
(Wetterdienst: u. a. Ozonwerte, Wetter im Rückblick)

Lernen allgemein
www.lernforschung.com
www.lernen-heute.de
www.teachsam.de/arbtec.htm
www.uni-protokolle.de

REGISTER

A

Ablenkung 18
aktiv lernen . . . . 40 ff.
Aktiv . . . . 90 f.
Angst . . . . 142 ff.
Antwort formulieren . . . . 78 f.
Arbeitsaufträge . . . . 97 f.
Arbeitsplatz . . . . 14 ff.
Atemübungen 160
Atmosphäre . . . . 16 f.
aufgabenbezogene Vorträge . . . . 124, 127 ff.
Aufgabengebiet 23
Auftreten . . . . 134 ff.
ausformulieren . . . . 114 ff.
Autogenes Training . . . . 157 ff.

B

Bedeutung der Prüfung 153
Bewegung 162
Bewertung . . . . 119 f.
Bildergeschichten-Methode . . . . 55 ff.
biologische Uhr . . . . 29 f.

C

Charakterisieren . . . . 104 f., 109 ff.

E

ehemalige Prüflinge 20
eigene Gedanken formulieren 79
Einleitung verfassen 103
Einstellung 147
Entspannen 157
Erfolge . . . . 146 f.
Ernährung . . . . 34 ff.
Erschöpfung 31
Erwartungen 144
- gespannte 144
- übertriebene 151
Erzählen . . . . 112 ff.
Erzählperspektive 106, 113
Erzählungen schreiben 116

F

Fachbegriffe 92
Fächersystem 72
Faktenprüfung . . . . 80 ff.

Fantasiereise 161
Figuren 106
– komplexe 110
– widersprüchliche . . . . 110 f.
fiktionale Texte 102
Formulieren . . . . 89 ff
Fragestellung 97
Fremdwörter 92

G

Gedankenlandkarten . . . . 12 ff., 22 f
Gehirn . . . . 38 ff
Gehirnhälften 4
gelernte Angst 14
gemeinsam lernen . . . . 86 f
Gerüchte 12
Gliederung . . . . 96 ff
Grundausstattung Arbeitsplatz . . . . 15 f

H

Handlungsverlauf . . . . 112 f
Hauptsätze . . . . 89 f
Hauptteil verfassen 10
Hausaufgaben . . . . 19 f

I

Ideen sammeln 112
Inhaltsangaben . . . . 100 ff.
Interpretieren . . . . 104 ff.

K

Karteikarten . . . . 71 ff.
Ketten-Technik . . . . 53 f.
Kopfschmerzen 32
Körpersprache . . . . 134 ff.
Kräfte tanken . . . . 30 ff.
Kurzzeitgedächtnis . . . . 38 f.

L

Langzeitgedächtnis . . . . 39 f.
Lehrpläne 21
Lernautomat . . . . 73 ff.
Lernatmosphäre 16
Lernetappen . . . . 25 f.
Lernkarteien . . . . 68 ff.
Lernplan . . . . 27 f.
Lernportionen 44
Lerntabelle . . . . 21 f.

Lerntechniken . . . . 66 ff.
Lerntypen 41
– auditive 41
– kommunikative 41
– motorische 41
– visuelle 41
Lernvoraussetzungen 13
Lernziel . . . . 27 f
Loci-Methode . . . . 59 ff
logische Aufgaben 77

M

Mind-Map . . . . 12 ff., 22 f
misslungene Prüfung 15
Mitdenken . . . . 6 f
Mitschreiben . . . . 6 ff
Mitschrift . . . . 8 ff
Müdigkeit 3
mündliche Prüfungen . . . . 118 ff
Muskelentspannung 15

N

negative Erfahrungen 145
negative Gedanken 147, 15

Nervosität 137
nichtfiktionale Texte 102

P

Passiv . . . . 90 f.
Pausen 31
Portionsweise lernen 44
Präsens 111
Probeklausuren 86
Prüfer 121
Prüfungsablauf . . . . 118 f.
Prüfungsanforderungen . . . . 18 ff.
Prüfungsangst . . . . 140 ff.
Prüfungsaufgaben . . . . 77 ff.
Prüfungsbestandteile 119
Prüfungsergebnisse 165
Prüfungsgespräch . . . . 131 ff.
Prüfungsordnungen 21
Prüfungssituation 164
Prüfungsstress . . . . 163 ff.
Prüfungstag 164

R

Raumtechnik . . . . 59 ff., 62

S

Sauerstoff tanken 32
Schachtelsätze 89
Schlaf 163
Schluss verfassen 103
schriftliche Prüfungen . . . . 76 ff.
schriftliche Prüfungstypen . . . . 80 ff.
Selbsttest Prüfungsangst . . . . 140 ff.
Sinne aktivieren 41
Skript 125
Sport 163
Sprache . . . . 135 f.
Stichworte sammeln 98
Stress . . . . 142 f.
Stressreaktionen 143
Stundenmitschrift 10
Stundenpläne . . . . 28 f.
Synonyme 92

T

Texte lesen . . . . 46 ff.
– Überblick verschaffen 47
– Fragen stellen . . . . .48 f.
– gründlich lesen . . . . .49 f.
– Abschnitte analysieren . . . . .50 f.

– Textzusammenhang .51 f.
themenbezogene Vorträge 123 ff.
Transferprüfung 82 ff.

U

Ultrakurzzeitgedächtnis 38 f.

V

Verbesserungen 166
Verhalten vor/während der Prüfung 87 f.
Versagensängste 150 f.
Verzweiflung 165
Vokabeln 63 ff.
Voraussetzungen 6 ff.
Vorträge 123 ff.

W

Wissen auffrischen 44
Wissensfragen 78 f.
Wissensspeicher 43
Wochenziele 27
Wortwiederholungen 92

Y

Yoga . . . . 159 f.

Z

Zeitaufwand 26
Zeiteinteilung . . . . 164 f.
Zeitplan . . . . 24 ff.
Zitate zusammenfassen 95
Zitieren . . . . 93 ff.
Zukunftsplanung 155
Zusammenhänge verbildlichen . . . . 10 f.